国家社科基金
GUOJIA SHEKE JIJN HOUQI ZIZHU XIANGMU
后期资助项目

智力资本导向的公司治理

Intellectual Capital Dominated Corporate Governance

金帆　周潇　张雪　著

兰州大学出版社
LANZHOU UNIVERSITY PRESS

图书在版编目（CIP）数据

智力资本导向的公司治理 / 金帆，周潇，张雪著
. -- 兰州：兰州大学出版社，2023.9
ISBN 978-7-311-06552-2

Ⅰ. ①智… Ⅱ. ①金… ②周… ③张… Ⅲ. ①公司－
企业管理 Ⅳ. ①F276.6

中国国家版本馆CIP数据核字(2023)第198717号

责任编辑　马媛聪
封面设计　汪如祥

书　　名　**智力资本导向的公司治理**
作　　者　**金帆　周潇　张雪　著**
出版发行　兰州大学出版社　（地址：兰州市天水南路222号　730000）
电　　话　0931-8912613(总编办公室)　0931-8617156(营销中心)
网　　址　http://press.lzu.edu.cn
电子信箱　press@lzu.edu.cn
印　　刷　西安日报社印务中心
开　　本　710 mm×1020 mm　1/16
印　　张　10.75
字　　数　183千
版　　次　2023年9月第1版
印　　次　2023年9月第1次印刷
书　　号　ISBN 978-7-311-06552-2
定　　价　33.00元

国家社科基金后期资助项目
出版说明

后期资助项目是国家社科基金项目主要类别之一，旨在鼓励广大人文社会科学工作者潜心治学，扎实研究，多出优秀成果，进一步发挥国家社科基金在繁荣发展哲学社会科学中的示范引导作用。后期资助项目主要资助已基本完成且尚未出版的人文社会科学基础研究的优秀学术成果，以资助学术专著为主，也资助少量学术价值较高的资料汇编和学术含量较高的工具书。为扩大后期资助项目的学术影响，促进成果转化，全国哲学社会科学工作办公室按照"统一设计、统一标识、统一版式、形成系列"的总体要求，组织出版国家社科基金后期资助项目成果。

全国哲学社会科学工作办公室

前　言

　　每一次工业革命的爆发，总是能够推动管理学出现重大创新，每一次管理学的重大创新，都源于原来的管理方式出现了难以克服的弊端。第四次工业革命将人类社会带进数字经济时代，为管理实践带来了严峻的挑战。财务资本主导的公司治理诞生于工业经济时代，其固有的缺陷已难以调和，管理学的再次创新可能率先在公司治理领域燃起火苗。

　　本书从范式转型的视角，以理论原创的方式，较为系统地研究了财务资本导向公司治理向智力资本导向公司治理的演进。工业经济时代，财务资本是最为稀缺的资源，在价值创造过程中发挥着关键作用，由财务资本主导公司治理是最为合理的方式。工业经济时代诞生的庞大经济管理理论体系中，与公司治理相关的理论研究占有显著的比例，如委托代理理论、激励机制理论以及围绕资本市场展开的关于公司治理的大量研究，直至最近十年深入高管背景、高管面容、高管属相等与公司治理关系的探讨。

　　随着时代的发展，财务资本导向公司治理的理论与实践日臻成熟，公司治理作为一门课程出现在全球绝大多数经济学与管理学教育的课堂上，公司治理进入"常规科学"阶段。与此同时，在数字经济环境下，财务资本在价值创造中退居次要地位，智力资本特别是融合技术管理与经营管理于一身的创业企业家成为价值创造的关键因素，"同股同权"原则被越来越多的数字经济原生企业弃用，智力资本主导公司治理成为大量新上市公司的首选。这也为理论研究带来了困惑，委托代理关系一直是传统公司治理研究的起点，虽然代理关系一直存在，但已很难在智力资本导向公司治理的研究中继续担任起点的角色。

　　智力资本导向公司治理理论于2018年提出时，中国大陆资本市场尚不允许上市公司突破"同股同权"原则，学术界也没有很快接纳。几年过去了，科创板、北交所以及创业板市场先后允许"表决权差异安排"的公司进行首次公开募股（IPO），而这种公司治理安排实际上是"双层股权结构"的升级版。进入数字经济时代以来，"双层股权结构"就从传统的防止敌意收购工具重新焕发生机，演变为智力资本主导公司治理的重要手段之一。阿里巴巴的"合伙人制度"颠覆式创新了公司治理，让智力资本主导公司控制权绕开了股权这个媒介，使得传统公司治理进行改良的思路面临失败。表决权差异安排、双层股权结构以及阿里巴巴合伙人制度，都是当前典型的智力资本导向公司治理的表现形式。

智力资本导向公司治理理论近年来获得了广泛认可，最初的论文不仅被《新华文摘》《人大报刊复印资料》《高等学校文科学术文摘》等主流理论阵地转载，还被中国知网"中文精品学术期刊双语数据库"收录并向全球出版发行，其观点也被160多篇学术论文、博士学位论文和硕士学位论文引用。与此同时，根据公司治理的最新实践，特别是科创板等资本市场新兴板块对智力资本导向公司治理的认可和实践，笔者不断把对最新现象的思考融入著作之中。在对两种公司治理范式进行梳理，特别是在系统阐述智力资本导向公司治理的基础上，笔者也意识到了智力资本与财务资本融合后可能导致资本无序扩张的现实问题，提出了以中国特色社会主义企业家伦理规范防范上述问题的思路。

本书是研究团队共同智慧的结晶。本书的整体框架由金帆设计，第一章、第九章、第十章和第十一章由金帆独立完成，第二章由周潇独立完成，第三章、第四章、第五章由金帆和周潇共同完成，第六章由金帆、周潇和张雪共同完成，第七章由金帆和张雪共同完成，第八章由张雪独立完成。由于智力资本导向公司治理是一个全新的课题，笔者在研究过程中可能有一些观点并不成熟，论证的严密性也可能有待提高，敬请读者批评指正。

管理创新来自伟大的管理实践，中国数字经济的蓬勃发展助力于采用智力资本导向公司治理的上市公司最终占据资本市场主导地位。我们相信，公司治理理论将进入一个新时代，智力资本导向公司治理范式终将取代财务资本导向公司治理范式，并为数字经济时代管理学的重大创新做出应有贡献。

于启真湖畔

2023 年 10 月 1 日

目　　录

第一章　绪论

第一节　数字经济新环境

人类社会的发展源于科学技术的不断迭代创新。2006年，云计算技术诞生，直接促进了移动互联网、人工智能和物联网等数字领域相关技术的快速发展，深刻影响着社会经济发展的方方面面，人类社会开始步入数字经济时代。

一、数字经济的含义

数字经济（Digital Economy）是科技进步推动下形成的新的经济形态，是目前全球产业竞争的制高点。早在1996年，英国学者Don Tapscott提出了数字经济的概念。2016年在杭州召开的G20峰会在《二十国集团数字经济发展与合作倡议》中认为，数字经济使用的关键生产要素是数字化知识和信息，同时以现代信息网络作为重要载体，以有效使用信息通信技术作为效率提升和经济结构优化的重要推动力，之后数字经济成为中国官方媒体正式使用的关于当前经济形态的概念性描述。中国《"十四五"数字经济发展规划》明确将数字经济定位为继农业、工业经济之后的主要经济形态，这也意味着我们的社会正在由工业经济时代向数字经济时代转型。事实上，世界主要国家的数字经济尚处于高速发展阶段，关于数字经济的概念还不需要进行精确定义。

二、数字经济的特征

数字经济呈现出与传统经济形态显著不同的特征，无论政府、企业还是其他组织，要适应社会发展，都必须理解和应用数字经济。

1.数据成为重要的生产要素

不同于农业经济和工业经济时代以有形资源为主要生产要素，数字经济的发展更依赖数据资源。在云计算和人工智能等软件和硬件技术的共同推动下，人们对社会经济生活中数据的采集和挖掘越来越深入，使得数据资源成为组织赢得竞争的核心资产。中国于2020年召开的党的十九届四中全会上，首次将数据列为与土地、劳动、资本和技术同等重要的生产要素。随着互联网技术的不断发展，社会经济活动的数字化程度越来越高，可采集和利用的数据类型和规模呈现井喷之势，如社交网络数据、市场交易数据、金融产品数据、公民数据、射频识别数据、交通数据、遥测数据、时间数据、位置数据等。目前，数据规模的计量也进入 ZB 时代（1 ZB=1,099,511,627,776 G），未来还要进入 YB（1 YB=1,024 ZB）时代，这是数字经济时代最显著的特征。

2.数字设施成为社会经济的基础设施

进入数字经济时代，网络通信的速度、质量、网络成本成为制约经济发展的重要因素，特别是随着智慧城市和工业互联网的发展，大数据的采集和应用对数字设施提出了更高层次的需求。以智能化汽车为例，其在行驶中传感器每小时就会生成 2～5 G 数据。目前，第五代移动通信网络技术（5G）正在成为全球竞争的焦点，第六代技术也被视为未来取得竞争优势的关键因素。事实证明，高速、移动、安全、泛在的新一代信息基础设施及对大数据的自主分析和计算能力，已经在社会经济发展中居于关键地位。数字基础设施是否先进和完善，将决定一个国家能否赢得当前及未来的全球竞争。

3.数字技术成为社会发展的主要驱动力量

以"大智移云物区量"等为代表的数字技术日新月异，不仅深刻改变了个人的生活工作方式，也改变着社会运行的整体秩序，整个社会的数字化程度越来越深入。基于人工智能的技术创新，不断刷新着人们的观念和行为方式，几乎所有人都被嵌入了不断更新的数字化社会新秩序中，Chat GPT（Chat Generative Pre-trained Transformer）的诞生再次为人们带来震撼。从社会层面看，生产方式也产生了重要变化，无人工厂等智能服务不仅解放了人们的双手，而且在可见的未来，借助于更发达的数字技术，人们的脑力劳动也将获得解放。

4.组织发展生态系统化

进入数字经济时代，无论政府、医院等非营利性组织，还是企业等营利性组织，数字资源都成为连接组织内部、组织与外部环境之间的主要纽带。组织要正常运转或者获得高速发展，就必须建设良好的价值生态系统（Value Ecosystem），为组织的所有参与者和相关者提供价值共创、共享的平台。通过生态系统化发展，组织所服务的对象在数量和行为方式上也呈现出生态系统特征，如在某些阶段，其规模呈现指数级的快速增长，服务对象深深嵌入组织所构建的价值生态系统中等。因此，数字经济时代，大量组织把构建价值生态系统作为运营的首要目标。

中国在数字经济赛道上抓住了机遇，取得了令人瞩目的成绩。埃森哲发布的《数字化密度指数》（2015）显示，在调研的17个国家中，中国数字化密度指数排名第十。中国数字经济规模和GDP占比也在全球举足轻重，中国信息通信研究院发布的《中国数字经济发展报告（2022年）》显示，我国2021年数字经济规模已达到45.5万亿元，占GDP的比重为39.8%。目前，中国的制度优势和工业基础，正在令数字经济与实体经济高度融合，数字技术赋能产业发展将为中华民族伟大复兴事业提供坚实的基础。

三、数字经济环境下的企业发展

数字经济环境为企业发展提供了前所未有的机遇，同时也带来了严峻的挑战。借助于数字技术构建的云服务，能够实现更高量级的规模经济效应。在工业经济时代，规模扩大往往伴随着"规模不经济"效应的渐次提高，但在数字经济环境下，几乎所有可重复的劳动都可以由人工智能替代，从而传统企业面临的"大企业病"可以在很大程度上得以避免。同时，以工业互联网为代表的数字化生产制造模式，能够实现全社会最优秀企业的生产技术、制造工艺和管理流程的共享，从而带来全社会效率的提升。要实现数字经济的规模经济和效率提升，所有企业必须适应数字经济的要求，这是大多数企业面临的严峻挑战。

企业未来发展的唯一途径是数字化。全球知名信息技术咨询公司IDC（International Data Corporation）在《2018中国企业数字化发展报告》中提出的观点是，"未来只有一种企业，就是'数字企业'"。然而，企业的数字化转型并非易事，不仅需要国家层面的顶层设计，而且需要企业主动进行由内而外的变革。全球知名化妆品公司欧莱雅于2018年3月收购了ModiFace公司，将虚拟现实（AR）与人工智能（AI）技术应用于美妆业，开发了3D虚拟化妆、颜色和肤质诊断等数字化，成为传统企业数字化转型的代表。

传统企业进行数字化转型，关键是对适应数字经济的人才的需求。国务院发展研究中心认为，数字化转型不是单个企业的行为，而是行业甚至整个产业充分利用新一代信息技术，构建数据采集、传输、存储、处理和反馈的闭环，打通不同层级、不同行业间的数据壁垒，提高整体效率。没有数字化转型，就无法扩展经济发展空间，也难以实现可持续发展。特别是对传统企业而言，数字化转型可以使产品生命周期数字化、信息化，从而缩短产品研发周期，大幅度缩减成本开支，加快产品上市速度，帮助企业实现对市场的快速反应。

同时，数字经济环境下的原生企业越来越多，很多创业企业在短短的几年内取得了令人瞩目的成就。中国作为后发国家，数字经济发展迅速。胡润全球独角兽排行榜中，中国上榜的独角兽企业数量2019年为206家，2020年为227家，2021年为301家，保持在全球前两名的位置，这些企业均是诞生于数字经济时代的佼佼者。数字经济环境下诞生的企业，在管理中对科学技术的依赖性大为增强，"外行"已经很难领导一个新兴企业高质量发展。这意味着工业经济时代遗留的理论和实践面临着挑战，公司管理和公司治理领域需要重大变革。

第二节　智力资本与公司治理变革

在人类社会的发展进程中，智力资本一直扮演着重要角色，但直到知识经济时代，智力资本才逐渐在公司制企业的发展中起到主导作用。以"同股不同权"为特征的新型公司治理范式，最终在数字经济时代得以产生和确立。

一、智力资本与管理创新

第一次工业革命极大地提高了生产力，促进了社会经济的快速发展，同时诞生了经济学这个伟大的学科。不过限于时代背景，在亚当·斯密的世界里，劳动、土地和资本是最重要的生产要素，特别是资本，由于非常稀缺而成为关键要素。在早期的经济理论中，资本通常就是今天所言的金融资本，或称财务资本①。资本家事实上就是拥有财务资本的利益主体，"资本雇佣劳动"观念的形成和提出，与长期存在的财务资本稀缺是息息相关的。

第二次工业革命将人类社会带入电气时代，公司制企业迅速成长，组织的经济管理变得高度复杂，在这种背景下，英国经济学家马歇尔提出了职业企业家的才能同劳动、土地和资本一样，成为一项重要的生产要素。马歇尔把均衡价格理论应用到每一个生产要素的价格决定上，当然也包括作为生产要素的企业家才能，这是其"四位一体"理论的重要

---

① 本书为了行文方便，资本和资本的所有者在不同的语境下是通用的，即智力资本概念根据语境可以理解为智力资本所有者，财务资本根据语境可以理解为财务资本所有者。此注释后全书不再特别说明。

元素。在这个时期，企业家才能是可以以某种价格交易的，但还没有被提炼到"智力资本"的高度。

第三次工业革命被称为"信息技术革命"，科学技术在社会经济发展中的作用日益凸显，从而"技术"被经济学家纳入了生产要素之中，原来的企业家才能被总结提炼为"管理"，形成生产五要素说。经过三次工业革命的洗礼，科技逐渐在经济生活中占据了重要地位，作为科技背后的主体——科技人员，逐渐走到前台，不仅在科技研发中叱咤风云，而且在公司管理中崭露头角，大量科技人员成为重要的高层管理人员。

今天，第四次工业革命正在如火如荼地进行，人类社会进入数字经济时代，技术与管理更加融合交织，管理创新与技术创新往往相互促进，相得益彰。既懂技术又懂管理的复合型企业家在数字经济时代的公司创立和发展中成为中坚力量，智力资本成为推动社会进步的主导力量。同时，财务资本变成普通生产要素，在价值创造中不再是关键因素。随着时代的发展，以"资本雇佣劳动"为理念、以"同股同权"为特征的传统公司治理已经日益暴露弊端，新型的公司特别是数字经济时代的原生企业亟须智力资本主导的公司治理，而这需要大量的理论探索与企业实践。

二、智力资本掌握公司控制权与公司治理变革

控制权是公司治理的关键表征，在财务资本占据主导地位的环境下，公司治理的核心和直接目标是解决委托代理关系所产生的信息不对称问题，从而降低代理成本和道德风险。这种公司治理制度在实践中意味着财务资本和智力资本处于对立的两端，在理论上表现为非合作博弈模型，在伦理上表现为经济人和自私人假定下的狭隘人性。诞生于20世纪70年代的激励机制理论，被认为是最重要的管理创新之一，使得两种资本的目标在一定程度上协同，有效地解决了代理危机。但是激励机制理论的根本前提仍然是智力资本处于价值创造的从属地位，财务资本仍然是主导，这与工业经济的时代特征相吻合。

进入信息经济时代，特别是进入数字经济时代以来，创新创业活动在全球主要经济体中如火如荼地开展，年轻的创业企业家成为新经济领域的明星，在短短几年内可以把一个初创企业发展成为世界级企业，这是工业经济时代任何企业家所无法实现的。在创业企业的成长过程中，财务资本与智力资本的关系成为焦点问题，很多创业企业家被自己创立的企业一脚踢出去的悲剧一再上演，成为资本战争的牺牲品，甚至成为

恶意收购的牺牲品。在新经济环境下，"同股同权"的社会基础、法律基础和伦理基础是否依然稳固？财务资本导向的公司治理是否依然具有合理性？这是资本市场及其监管部门、学术界特别是企业理论领域和公司治理领域的学者必须思考的问题。

随着数字经济的发展，智力资本掌握控制权的企业越来越多，但是仍然没有形成完备的法律制度和完善的理论体系，从而未能在公司治理层面得以正式确认。创业企业家强大的管理能力、知识资源、社会资源等构成其掌握控制权的基础，但是这些因素具有流动性、不稳定性等特征，也不具备法律层面的保障机制。因而通过法制化、合理化的制度安排，使得智力资本优先掌握公司控制权，这是数字经济时代公司治理的主要变革方向，不仅能够体现社会发展以人为本的理念，而且在运转中可以减少资源无序波动对社会经济产生的不利影响，从而促进整个社会效率的提升。

第三节　本书的研究框架

本书主要研究数字经济环境下智力资本导向公司治理的理论与实践问题。进入数字经济时代，智力资本日益成为价值创造的主导驱动力量，"同股不同权"的安排成为越来越多的上市公司选择的公司治理方式。

本书写作的逻辑思路是，首先界定公司治理的基本问题，其次对财务资本导向公司治理范式的理论体系进行总结和梳理，再次从概念、产生过程、治理结构、治理机制、理论基础及具体形式几个方面系统论述智力资本导向公司治理的主要问题，在对两种公司治理范式进行阐述之后，论证公司治理范式的演进机制，最后对中国资本市场对智力资本导向公司治理的探索进行研究。除开篇绪论和结语研究展望外，全书内容框架包括以下几个方面。

1.公司治理的基本问题

第二章从源头开始梳理公司治理问题的产生及发展脉络，对两种资本（财务资本和智力资本）在公司治理中的地位演变进行分析，从而明确控制权在公司治理中的核心地位，继而明确依据控制权归属可以划分公司治理的两种范式，即财务资本导向公司治理范式和智力资本导向公司治理范式。

2.财务资本导向的公司治理范式

第三章从历史的视角，系统研究同股同权原则下财务资本导向公司治理范式的形成、发展和演变，提炼财务资本导向公司治理范式的内在特征、理论基础和在新经济环境下面临的挑战，全方位描述财务资本导向公司治理的理论体系和随社会发展而变化的趋势，为公司治理范式转型的研究奠定基础。

3. 智力资本导向的公司治理范式的理论体系

本书用三章的篇幅（第四、五、六章）从全球公司治理发展趋势论述智力资本导向新型公司治理范式的产生和发展。首先对本研究所使用的智力资本概念予以界定，系统研究智力资本在公司治理中主导地位的形成过程，深入分析智力资本导向公司治理的治理结构和治理机制，并对两种公司治理范式进行深入比较分析，从理论层面探讨智力资本导向公司治理的理论基础。

4. 智力资本导向公司治理的具体形式

第七章和第八章研究全球范围内以"同股不同权"为特征的公司治理的实践，主要有"表决权差异安排"和阿里巴巴"合伙人制度"，两种制度既有相同的特征，又有不同的地方，但都是智力资本导向公司治理的典型模式。通过对两种制度的分析，进一步论证智力资本导向公司治理理论体系的科学性。

5. 公司治理范式的演进机制

在论证两种公司治理范式基本内容的基础上，第九章研究公司治理范式的演进问题，论证公司治理范式的演进是科技、资本和社会共同推动完成的，其中科技进步是公司治理范式演进的根本动力，资本市场起到助推器的作用，而社会价值优化是公司治理范式演进的内在逻辑。

6. 中国建立智力资本导向公司治理的探索

第十章专门研究中国建立智力资本导向公司治理的相关问题。首先分析了中国资本市场的发展与公司治理的演变与现实问题，在此基础上论证了中国作为数字经济大国建立智力资本导向公司治理的必要性与可行性，并阐述了中国建立智力资本公司治理的路径。这一章还创新性地论述了智力资本导向公司治理发挥作用的补充机制，即健全中国特色社会主义企业家伦理规范的问题，提出随着智力资本与财务资本的融合，如何防范资本的无序扩张变得十分重要，而建立中国特色社会主义企业家伦理规范，可以有效防范上述问题。

第二章　公司治理的基本问题

第一节　公司的演进

企业组织是人类社会发展到一定阶段的产物，公司制企业更是伴随着现代科技的发展而诞生的，经历了一个从古典企业到现代企业进化的过程。

一、古典企业的诞生与发展

1. 古典企业的萌芽

（1）家庭作坊

在进入封建社会相当长的时间内，农业活动作为唯一的收入来源，大量的农民仅依靠农作物的收入在缴租、付税后生活得痛苦不堪，自给自足的经济体制已经无法满足人们最基本的生存要求。贫困成为摧毁重农主义制度的一把利刃和工业发展的助推器。与此同时，饶有商业头脑的农民开始另寻出路，拥有制鞋、做面包、酿酒、炼铁、屠宰等精湛手艺的师傅开始带领两三个帮工、徒弟在其住所进行生产，他们之间的关系比较亲密，更像是一个大家庭。来学艺的人大多是为了养家糊口，并且学徒必须学会一件手工艺品的全部生产工序，很少有分工协作，赚取收入的多少完全依靠成品的质量。种类繁多的手工艺形成的家庭作坊层出不穷，成为当时社会盛极一时的生产组织形式。

（2）包买商制度和分散的手工工场

随着乡村人口的增加，许多无地、少地的农民生存紧迫，男耕女织的小农经济促使家家户户都拥有手摇纺车和手织机，农民便能够利用剩余劳动力进行纺织生产，以期可以出售到邻近的村庄或者城镇赚取微薄的收入来支撑家庭日常开支。年深日久，以家庭为单位进行生产、由附近的几个家庭联合起来轮流前往集镇销售的生产组织形式培养了一批具有丰富销售经验的织工，他们开始固定承担起销售和采购职责，被称作呢绒商，但他们依旧是织工，集生产与销售于一身，并且在市场行情高涨时获利，低迷时亏损。呢绒商对羊毛原料进行采购并分发给邻居，合作的范围仅限于邻近地区，并从邻居手里收回羊毛成品。这种交易方式算不上钱货两清，主要是赊贷方式，呢绒售出后，呢绒商扣除购买羊毛的成本并提取部分利润，将余下部分付给邻居。刘景华（2011）认为这样的组织方式与当时货币匮乏和货币制度不完善等因素有关，提供与收回的合作关系主要靠邻里之间的信誉和中世纪传统共同体的制约，在市场这只"无形的手"的调控下，他们共同承担风险。

15至16世纪时，部分积累了资本的呢绒商逐渐从生产中脱离出来，居住到新兴城镇中，专门负责采购原料和销售成品，与此同时大批具有资本、专业知识、商业关系资源并能与市场条件相协调的市镇商人脱颖而出，成为包买商，两者结合构成了包买商制度的主力军。他们向织工预付部分工资，提供原料，在交付成品时结清所有报酬，织工赶工所利用的是农闲时的剩余劳动力，加上正常的农业活动一起构成织工的主要谋生手段。在这种半工半农的手工业情形下，家庭成为最基本的生产单位，在规模上以2～7人的家庭占大多数（Floud、Johnson，2004），虽然没有将集中进行生产加工的场所固定，织工都在自己家中劳作，但是其始终依靠类似于计件工资形式的制度处于受雇佣状态。Braudel（1979）认为包买商制度旨在控制，整个利润链的中心环节无疑是销售，商人就是这个制度的核心，他们利用销售和成本以及地区销售之间的价差赚取利润，可以说只要有利可图，包买商制度可以触及任何活动。Braudel（1979）评价该项制度时说道，"家庭劳动由于在商人的主持、推动下，导致了一系列家族作坊和行会作坊的形成"，换句话说包买商制度的出现打破了原先自给自足式家庭生产的封闭性，将手工业制品以一种前所未有的速度推向市场形成一种新兴产业，加快了由家庭作坊演变为企业这种社会化生产组织形式的脚步。Braudel曾引用西方一位历史学家的话来阐述当时包买商制度对手工业造成的强烈冲击，"分散只是一种表面现象；种种历史表明，家庭劳动已陷入一张无形的织网中，而蛛丝则掌握在几个包买商手中"。随后，作坊主为了取得更多收入开始雇佣工人进行生产，财力、能力有限的作坊主想要扩大规模难乎其难，但久而久之，积累了资本的作坊主通过增加工人数量和手摇纺车、织机等设备将小作坊发展为工场，自己则竿头一步成为工场主，日积月累形成了星星落落的分散的手工工场。

（3）集中的手工工场

乡村手工业依附于包买商制度日益发展壮大，这种形式无需过多的固定资产投资，凭借包买商对市场需求的粗略预测就能进行生产活动，若是"产品滞销可以减少委托加工，甚至暂停业务；停工或复工，只消一句话、一个手势，就能解决问题"（Braudel，1979）。弹性制的生产方式能降低包买商的销售不确定性，换言之，在市场需求出现波动时便将风险转嫁到手工业者身上。长此以往，包买商制度的缺点暴露无遗。第一，在货币制度缺乏的中世纪，信任仅仅能维持在特定的时间并受血缘、关系等因素影响，因此遭遇信任危机的劳工与包买商之间往往互相猜忌，前者怀疑后者所送原料不足量，后者怀疑前者窃取原料，双方还就布匹的质量问题争吵不休，这样的事例屡见不鲜（McKay，1995）。若是包买商可以就生产过程进行全面监督，这些问题都将迎刃而解。第二，由于包买商制度采取分散的个体生产方式，不利于促进市场分工的进一步细化和机械、机器的发明，也不利于形成集中化的生产形式。虽然各种弊端的影响力不一样，但制度的主人——生产者与包买商最终都把生产组织由家庭作坊引向了集中工场。

正如Court（1965）认为，工业化组织的过程并不总是由小到大，由分散生产到大规模生产，特定时期的技术和经济特点使小单位或大单位决定他们是否可以利用成本低的大规模生产优点，这是大家不断追求的目标。集中的手工工场的兴起，一部分取决于一些特定行业，这些行业的生产规模大、工作场所固定等特性要求工场主将劳动力集中起来劳作，因此就自然而然地出现了一些大型的工场，例如矿产、冶金、磨坊等行业（Floud、Johnson，2004）；另一部分取决于具有上进心的包买商们，他们不愿安于现状，试图打破现有的枷锁，努力利用一些手段来控制成品的质量，并不再浪费时间与劳工纠缠。随后，出现了一大批集中的手工工场，位置通常设在商人的住所，并聘请城镇工人进行劳作，商人依然采购原料交给家庭作坊制作但不需全部完工，通常剩余最后一道生产工序，统一回收后在工场进行最终的加工，整个过程已经涉及生产流程管理和劳动分工，采用这种生产组织方式的行业主要是纺织业，并最早形成了工厂制的雏形。对于商人来说，控制最后一道工序可以解决核心问题，即商品的质量和责任归属，使半成品在可控、可监督的形式下商品化，并且城乡劳动力价格的差异使大部分生产工序仍然选择家庭作坊，最重要的是工场主仍然能够根据市场的需求调节家庭作坊的数量而不至于解雇熟练的工人。

2.古典企业诞生的条件

（1）农业收入来源稳定性差

Mendels（1972）认为，在传统的欧洲，大多数人口的财富和社会地位都来自土地，农业属于第一产业毫无争议，所以人们将开采粮食作为生存的第一要义，贫富差距的主要来源也仅限于地主拥有的耕地面积的多少。然而人们赖以生存的农业却天生受到大自然季节规律的严格限制，在欧洲的集镇、村庄和农庄，大多数作物必须在很短的时间内收割。因此，乡村手工业可以改善农民劳动的时间模式，与其说它提高了生产效率，不如说是提升了劳动力的使用效率。

根据 Braudel 的巨著《十五至十八世纪的物质文明、经济和资本主义》（1979），传统手工业对农业活动造成冲击，四季变换，寒暑交替，一到冬天，大量"工业"活动便替代农业活动成为劳动力的集中地区，即使穷乡僻壤也是如此，相反，在任何工业城市中，每逢夏季来临，农活便压倒一切。劳动力在务农时的分配不均产生了农民实际种地时间短于一年，Vauban 曾做过计算，他把手工业工人每年的工作日算作 120 天，众多的假期和季节性农活反而占去了他们大半年的时间。农业本身的限制以及地区间分布的非均衡性使人们渴望从事副业以补贴家用，暂不论副业的收益如何，但凡有农闲时另谋出路的机会，农民便会不顾一切地揽下手工活甚至刨去农活自学一门手艺，于是工业的源头在适当的时间和地点出现，内生于农业中的农村手工业逐渐兴起，为工厂制的诞生缩短了时间。

（2）消费品需求日益旺盛

Braudel（1979）认为在当时的乡村手工业经济中，限制工业生产最重要的因素是需求不足。小型手工业生产者并不擅长销售，于是深刻了解市场、头脑灵活的人便有了机遇，他们可以组织生产以满足市场形形色色的需求，同时可以刺激民间消费，形成"老板阶层"（Court，1965）。他们不仅推动了家庭作坊的转变，还为已开放的和孕育中的消费品市场打开了大门，使得需求刺激生产、生产反过来再刺激需求的循环得以实现。

3.古典企业诞生的意义

Mendels（1972）将三种交替使用的生产组织方式称为"原工业化"（Pre-Industrialization）。原工业化为企业这一社会化组织形式的出现铺平了道路。首先，原工业化阶段为工业化积累了大量的资本，为商业资本向工业资本的转移提供了途径；其次，它为世界培育出了第一代拥有专业知识、技能、经验的企业家，为后续大型企业的经营管理储备了人才；最后，在一些特定行业例如陶瓷、制鞋业等已经出现了分工协作的生产方式，或者是以纺织业为例仅在少数工序出现分工的情况，都为后续工业化的推进以及机械、机器的发明与普及奠定了基础。

二、第一次工业革命和工厂制企业的诞生

1. 第一次工业革命

18世纪60年代，随着人们发明出机器代替传统工具，学会利用水为动力代替人、牲畜的有限动力等现象的普遍出现，机器进入人们的视野，尤其是哈尔格里夫斯发明的珍妮纺纱机更是标志着第一次工业革命的开始，之后随着詹姆斯·瓦特改进的蒸汽机这一具有划时代意义的动力机器将工业革命推向了高潮，与此同时，一场声势浩大的技术革命也拉开了序幕。Mantoux（1959）在其著作《十八世纪工业革命》一书中极其详尽地描述了这一阶段所显示出的大工业的主要特征，即使用除人力、畜力以外的其他力量代替生产所需原动力，他认为没有这种动力也能制造出机器，毕竟人们自古就热衷于为自己制造工具，后来演变为机器这一专业化形式，但是如果无法克服替代人或牲畜有限动力的困难，工业就无法实现生产范围的突破，机械化的普及更是举步维艰，简言之，手工工场与工厂制之间的鸿沟则无法逾越。

（1）机器的产生与发展

在工业革命中，各行各业都积极地革新生产工具，突破生产方式、地理位置等障碍的限制，因而涌现出一大批发明家和创造者，棉纺工业一直被认为是英国工业革命的中坚力量，它因一系列的技术发明而迅速走到工业革命的前沿位置。Mantoux（1959）对机器特性的描述是，"机器是一种人为的手，它和工具的区别，与其说是使它动作起来的自动力，不如说是它能够发生的运转，这些运转是由工程师的技术纳入它的转动装置的，并且代替手的操作、习性和技巧"。他认为机器就是"一套机械装置，在简单的动力的推动下，实施从前由一个人或几个人进行的技术操作所构成的动作"。

1768年阿克莱特的水力纺纱机问世，在这项发明之前，英国的棉纺工业生产的主要产品是在禁止印度纯棉印花布进入英国后的混入了麻的"棉布"，准确来说是棉麻制品。尽管关于水力纺纱机的真正发明者还有待考究，但不可否认的是水力纺纱机的诞生标志着英国可以自导自产纯棉织物并且品质优良，从这时起，棉纺工业及其机械化进程便开始畅通无阻。更进一步的是人们的发明热情似乎被真正激发了出来，1779年塞缪尔·克朗普顿将水力纺纱机与多轴纺纱机相结合，创造出一种混合机

器——走锭精纺机①，它可以使纱线同时获得坚韧和极端的纤细，是棉纺工业中纺纱工序上的一次重大突破，逐渐地，大型工厂利用水为动力开始广泛使用自动走锭精纺机，实际上可以说这是第一次工业革命在纺纱工序上的最后一项发明，之后的无论多么精巧、复杂的机器都可以在原理上映射出它的影子。直到这时，棉纺工业的全面机械化还未实现，因为纺织的最后一道工序——织布还在借助人力劳动使用飞梭完成生产过程。此时，纺纱与织布的平衡再度出现颠倒，人们期盼已久的织布机器终于在1785年由埃德蒙德·卡特莱特发明应用，机械织机帮助棉纺工业迈出了最后一道门槛，进入全面机械化制造时代。除上述这些发明之外，机器印染、化学漂白和染色都缩短了布料成品的生产时间，这些发明不仅改变了原有工序的生产方式，并且进一步融入了精细化和专业化分工生产，为产品多样性和需求多样性提供了无限可能。

（2）蒸汽机时代

上述在棉纺工业的众多发明均是以水力为基础原动力进行生产的，蒸汽机问世之后便广泛代替了水力。水力的使用往往受到地理位置、动力不足等问题的影响，在一定程度上认为其依然受到大自然规律的节制，因此人们发明出人造瀑布以期弥补自然水流动力不足的缺陷，但为此必须多次使用抽水机以及其他一些机器，过程烦琐且动力不稳定，这些缺点加速了蒸汽机的发展。忽略一些没有真正运用于实践的蒸汽机发明，时间便被拉回至1705年纽科门发明的蒸汽机，没有安全隐患并且能够达到产生动力的目的，但不幸的是燃料耗费与产出不成比例，使这一发明停滞不前并亟须有人破解。此时，詹姆斯·瓦特利用丰富的理论知识和天赋在经过多次重复试验之后，改良纽科门的蒸汽机，甚至可以被理解为重新创造出一种新式蒸汽机，为科学研究的历史画上了浓墨重彩的一笔。蒸汽机开始缓慢地代替水力发动机，起初属于探索性的替换，不久动力机器使用就发生了翻天覆地的变化，至少在大型工厂中已经得到普遍适用，各行各业均加入其中。

蒸汽机的出现使工业活动打破了建立在溪流岸边的地理位置的局限，Mantoux（1959）认为它对工业社会的产生起到了不可磨灭的作用，尤其意义深远的是其使得大工业具有了统一性，以往各种工业的相互依赖关系要疏远得多，技术交流甚至更少，基础动力的统一使它们之间产生了

---

① 走锭精纺机将哈格里佛斯的珍妮纺纱机与另一名英国理发师阿克赖特发明的水力纺纱机合二为一，配合而成，又称"骡机"。

行业交叉并增加了互动，世界完全成为一个巨大的工厂，"在那里，发动机的加速、放慢或停止就改变着工人的活动并决定着生产率"。

2. 工厂制企业的诞生

（1）工厂制的诞生

根据前文对机器产生与发展的描述可知，在水力纺纱机出现以前的飞梭、第一架纺纱机以及多轴纺纱机等发明均结构简单、易于操作，很快就被广泛使用于家庭作坊中，尤其是多轴纺纱机，占用地方不大，可完全取代人工且很少妨碍工人的习惯，它不但没有破坏家庭手工业，似乎还加强了它（Mantoux，1959）。但是产品的大量增加和设备对人工劳力的替代便预示着大工业时代和工厂制的即将到来。Mantoux（1959）认为工厂制度是机械化的必然结果，将其定义为：一套由若干相依成分所组成的、带有一个总动力的设备，只能安设在一个地方，而它的运转是由一批受过训练的人工操纵的，这个地方就是工厂，工厂是不容许有别的定义的。从上述定义可以看出，工厂必须满足三个必要条件，第一是具备专业的、使用非人或畜力作为动力的机械化设备，第二是地理位置固定，第三是由经过严格培训的工人操作。因此水力纺纱机的发明使工厂的诞生成为可能，阿克莱特于1775年取得的第二个专利证里包括众多的有关棉纺工业生产过程中可以运用的发明，使得人们从那时起看到机械设备正构成一个复杂的系统，足以实现这项工业中一切连续的工序（Mantoux，1959）。

源源不断的发明创新使生产中的各个工序总是存在着非平衡状态，产生了"瓶颈效应"。还没出现新的机器能够行之有效地解决瓶颈带来的整体生产效率低下的问题，改变生产组织形式就成为切实可行的首选办法。将生产过程的每一可分工序全部在设厂后集中在一个地方生产，既可以减少管理费用，保证成品质量，充分利用机器、厂房等固定资产，又能够减少上一工序与下一工序的交接时间，极大地提高了生产效率和资本的使用率。在大工厂制度下，科学管理被提上了议事日程，理查德·阿克莱特是通过自己的劳动和发明致富的工厂主典型，是近代工业的真正创始人（Mantoux，1959）。据考察，阿克莱特准备大规模推广水力纺纱机之前，就想到了大工业和大企业，他明白建厂的第一步是筹集资本，由于他极具生意人才能，似乎无论处于何种境地都能找到合伙人为他提供一系列的投资。终于在1771年，他在一个水流湍急并具有巨大水流落差的河岸边建立了水车场，并创立了克罗姆福德纱厂，几年内就迅速发展壮大，他因此而成为时代的象征。从那时开始，市场调查和预测、有计划的厂址选择、按工作流程的需要进行机器布置研究、制定生产标准、编制生产计划、进行职工训练等科学管理内容逐渐被采用（舒小昀，1999）。至此，在英国出现了专注生产的工厂制，截至出现现代工厂制度还差最后一步。

美国在第一次工业革命中一直模仿英国的工业化道路，直到1814年波士顿商人洛厄尔利用从英国走私获取的动机织机图纸，在马萨诸塞州沃尔瑟姆的查尔斯河畔建立了一座工厂。该厂织机织出的布所用的纱是自己的纺纱机供应的，这样两个基本生产过程的一切活动合并于一个厂内，使得他能够以远远低于其他制造商的单位成本生产出更多的布匹，并且建立了一家机器工厂用以供应生产所需的大量机器并修理故障机器。除此之外，他首开先河雇佣了新的劳动力，即已经结束学业但尚未结婚的新英格兰农村姑娘，为她们提供住宿和其他服务，并将她们变为全职女工（Chandler，1977）。由此，世界上第一家真正意义上的工厂于美国建立，在当时美国众多的纺纱厂无力与英国工厂竞争而纷纷倒闭的严峻情势下，沃尔瑟姆工厂却能不费吹灰之力地与英国工厂一争长短，并引起了美国其他工业的积极模仿。出乎意料的是，沃尔瑟姆工厂惊人的成长速度竟然只是因为将生产工序集中于一厂内进行生产活动，而该过程并没有促进新一轮的生产分工和专业化。

（2）工厂制的特征

①资本的转移

资本的积累要追溯至包买商制度时期，正是在市场中占有举足轻重地位的商人为资本的累积提供了可能，包买商制度的优势使商人基本没有固定资产，最多占有一些存货，份额也少得可怜，持有流动资本在他们看来安全性更高，所以此时商业资本占主导地位并为后来工业的发展提供了必要条件。随着商人身份从工场主转变为工厂主，工厂位置的固定、机械设备的增多、内部人员的管理都使创立工厂或大企业的成本急剧增加，商业资本逐渐转变为固定资本并被套牢。而通过增加固定资本促使生产大大加速，流动资本随之增加，使得没有资本的工人愈加不能经营工业，现代的社会制度由此形成（Hobson，1894）。正如Mantoux（1959）所说，"这样，通过机械化并通过那因机械化而发生的生产资料的集中，就完成了商业资本对工业的控制"。

②分工日愈精细化

早在亚当·斯密之前，Whitworth（1771）就看到了分工的好处，他说"只要人们把更多的秩序和规律带到工作中来，人们就能在较少的时间内和用较少的劳动力去完成工作，从而就降低了他的价格"。直接指出分工可以提高生产率，从而达到规模效应的好处。众所周知，亚当·斯密（1776）在其著作《国富论》中大量地描写了附属冶金工业中的分工活动以及分工效应。第一次工业革命的贡献之一就在于将生产工序从整个生产活动中分离出来，并且能够根据独立的工序发明出机器代替手工劳动，棉纺工业就是最为典型的例子，生产率的极大提升是市场分工和社会分工的产物，是分工日渐精细的结果，引用Mantoux（1959）的话即"技术进步就是分工的最有成就的形式"，分工是技术进步的推动力，是社会化大生产的根本动因。

③地理位置集中

从水力发动机的使用催生出工厂制度以来，为了提供足够的动力支持大量生产，这些大工厂的选址不得不设在水流湍急、能够支撑机器运转的溪谷沿岸，以至于当时的大批工厂都聚集在沿着彭奈恩山脉的三条支脉附近（Mantoux，1959）。这样一来反倒增大了进货、销售等环节的运输里程，二者无法实现两全其美。蒸汽机的使用帮助大工厂打破地理位置的制约，使它们可以考虑除去动力以外影响设厂位置的第二个重要因素即运输问题，只要能够获取足够的煤用以支持蒸汽动力，区域的选择就能变得灵活起来，他们可以靠近市场采购原料、出卖产品，或者靠近人口密集区招募工人，总之集中的工业区也能由偏远溪谷向城市迈进，直到最后在城市安定下来，并利用巨大的烟囱创造出当世闻名的工业城市。

3. 第一次工业革命的意义

资本的集中和大企业的出现无疑是工业革命最重要的两个产物，除此之外棉纺工业的机器发明史为人们揭露了发明创造的整个过程，核心是发明物原理的理论依据由经验主义演变至实验科学。第一代发明家绝不是科学家，他们基本都是工艺匠人，最初也不是为了发明而去发明，只因有现实的困难挡在他们工作的途中，不得已用他们天然的智慧和积累的丰富的工作经验尝试创造一些东西，以期能够去除障碍。克朗普顿、哈尔格里夫斯等就属于这样的一批人。还有一些人没有受过良好的高等教育或职业教育，仅凭借好奇心和一腔热血勇于探索，怀亚特、卡特莱特就曾参与其中。显而易见，他们的发明过程没有理论支持，起源也是来自生活中偶然的灵光一现，并且实际操作是直接在完全真实的原料上进行加工，失败了就在原有的基础上进行改造，直至做出一件像样的工艺品来，摸索是他们主要的发明手段，这时科学还没有介入。发明史不仅是发明家的历史，也是集体经验的历史，因为集体经验逐渐能够解决集体需要所提出的问题（Mantoux，1959）。

直到蒸汽机出现，这种机械原理变成活生生的实物，让人们体会到科学的魅力和科学运用的实践性。瓦特的发明来源不是突然到来的灵感，而是基于自己长期以来就关注的蒸汽压力问题，他通过对原理透彻的分析，用一系列小的实验反复比对，清楚地掌握每一个细节运作的理论并用以指导实验，最终发明出一台较完备、实用性强、足以改变世界的机器。Mantoux（1959）评价瓦特时说道，"我们是在一位罕有的人面前，他既会掌握细节，又会掌握整体，他并不满足于阐明原理，而要原理贯彻应用，总而言之，科学对他来说，既是目的又是手段"。科学完成了作为一种奇特的力量汇入各行各业中并将它们在无形之中统一起来的使命。

三、公司制企业的发展

1. 公司制企业的诞生

（1）铁路企业的管理革命

1840年之前，世界上还未出现司空见惯的多元职能化企业这一组织形式，广泛存在并占据主导地位的依然是诞生于第一次工业革命的工厂制企业。工厂制即使已经将所有工序集中并且首开先河进行大规模生产，但这种生产组织形式仅仅满足于单一职能公司的需求，对于众多大同小异主营业务为生产制造的企业来说，销售或者原料采购等其他环节还需依靠专业公司，相反亦然。随着运输业的不断发展，铁路和电报等新一轮技术革命的成果突破了货物运输在地理位置上的局限，使市场范围和需求进一步扩大，在为所有行业提供便利交通服务的同时，一场管理革命正萌芽于铁路行业的内部，并为世界建立了第一个现代工商企业。

19世纪30年代和40年代间修建的早期铁路仅作为一种辅助水运的陆运工具，线路单一且多为短途的单轨铁路，出于安全的考虑，车辆的调度必须由一个单独的总部加以管理，耗资巨大但利用率不高。众多的缺点令投资者望而却步，使得仅仅依靠政府支持的铁路行业的发展停滞不前。直到19世纪40年代，与铁路建造有关的诸多技术均有所突破，铁路行业异军突起成为运输业的翘楚，诸多优势显现在大众面前。尽管在平坦地面上修建铁路的成本高于水运，但它在崎岖山区的建筑费用却大大低于水运，并且运输的速度极快，使得运输行业第一次出现陆上的客、货运速度超过马匹。除此之外，它能够给乘客提供一张准确的时刻表，并且出行不受季节的限制，众多优点使得铁路变成深受大众喜爱的陆运交通工具。与此同时,一张巨大的铁路运输网正遍布美国的大小城市,随着覆盖范围的不断扩大,铁路吸引了原本由运河和其他收费道路运送的乘客和物品。虽然早期的铁路企业管理已经较同时代的纺织厂、兵工厂的管理更为复杂,但不同种类货物的运输和财务账目记录的增多以及铁路企业规模的日益壮大,都敦促铁路企业进行管理变革(Chandler, 1977)。尤其在电报出现以前,单轨铁路途径山区容易出现事故,西部线上就有一连串的惨剧发生,导致乘客人心惶惶,这些成了铁路企业管理革命的导火索,单一总部制的铁路管理方式已经不能满足其业务拓展和出行安全保障的需要。

(2)经理制公司的诞生

技术使得迅速且全天候的运输得以实现;但安全、准时并可靠的客、货运以及机车、车皮、铁轨、路基、车站、调车房和其他设备的长期保养与修理,则有赖于相当规模的管理组织(Chandler, 1977)。这意味着现有的组织结构支撑庞大的铁路运输系统已经岌岌可危,亟须一种更为复杂、严密的新型组织结构为它换上新鲜的血液。整改措施包括招募一批经理,负责监督地理范围极为广阔的各项职能活动,以及中、上层人员进一步监督、评估、协调负责日常经营的经理的工作。同时,为了适应管理变革的需要,会计和统计监督制度的改良与发展势在必行。以后由于铁路经营的需要,最初的管理层级制便在美国诞生了,这些企业经营者成为首批现代企业管理者,也是走在了世界前沿的人。

建立一个船队或者纺织厂所需投入的资本远远不及铁路公司经营的需要,单独一个企业家或几个家族难以完全拥有铁路,所以铁路企业建立时就采用了股份形式的企业类型,而众多的股东也不可能亲自经营铁路,经理的作用日渐突显。铁路管理工作复杂而烦琐,除非拥有特别的技巧且受过专业的训练,否则不能胜任,股东或者代理人只有在筹措资本、分配资本、制定决策等活动时才出面指导,这些特点都给予经理们一个广阔的职业发展空间,尽管股东或代理人并不情愿。由于工作本身的专业性和技巧性以及管理层级的存在,这些中层经理们不同于以往纺织厂或种植园的工人们,他们不仅在公司的管理上具有部分独立性和话语权,而且岗位内含的诸多知识和技能使得他们有机会踏上一条康庄大道。经理中很少出现有财力的人能够拥有公司,即使很少量的股票,多数经理希望终其一生留在公司,步步擢升至自己预期的岗位,不久铁路经理就将自己的工作看作一种专业化的职业,并将自己的个人义务与企业的兴衰荣辱联系在一起,长此以往,他们在某些领域例如财务决策和资金运营等方面拥有了与股东和代理人同样的发言权，总裁和副总裁很快便接管了制定企业家性质的长期决策能力（Chandler，1962）。经理这一职业化角色正式走到企业管理的核心位置，铁路企业成为现代公司的先驱，是世界上第一个工商企业，"现代工商企业在协调经济活动和分配资源方面已经取代了亚当·斯密的所谓市场力量的无形的手"（Chandler，1977）。

（3）工业企业的发展

随着第二次工业革命的开始，新的运输工具和通信方式的发明与发展，使大量的原材料和产成品进出工厂更加快捷便利，为达到一种前所未有的大量生产阶段提供了可能。生产中的重大突破必然伴随着更为复杂的机器的发明以及作业方式的革新，这种大量生产的实现不是强调生产量的增多，而是关注劳动、资本、原料利用率的提升，此时的机器不单是手工劳动的替代品，它还要使生产过程中的每一个环节和步骤的产量都大大增加，机器的安装和配置要能使整个工厂成为一个连续的整体，并在少数工人的监督下自觉地完成整个产品的生产流程。一些仅为劳动密集型的企业不会发生这样的变革，因为没有生产率更高的机器被发明出来，也没有机会使用能源以加快生产过程，所以它们现有的组织结构和生产工艺仍然够用，而一些采用连续作业甚至是连续工厂作业的工业企业在作业程序和组织设计上已经发生了翻天覆地的变化。

金属加工工业中，新技术在大量生产最为复杂的产品——汽车身上得到了充分应用，新型的动力传送装置以及改进的工厂设计和车间组织使多种生产过程的结合成为可能。亨利·福特和他的合伙人于1908年制造的一款老式汽车，在他们专门建立的世界性销售组织的推动下盛极一时，当时的产量根本无法满足巨大的市场需求，于是福特及同事们采用最先进的机器，使用最坚韧的合金钢，同时实行"生产线制度"，把机器及操作人员按仔细规划的作业顺序排列，以保证材料规律性地持续流动。后来他们尝试使用传送带将零配件直接传递至工人面前，而工人则不用移动位置且只负责一种高度专业化的工作，由此创造出举世闻名的"流水线生产"，使得一台老式汽车的装配时间从十二小时零八分降至两小时三十五分，成为现代化大量生产最著名的标志。金属加工工业几乎达到了和石油工业或其他提炼工业同样的位置，变成资本密集型、能源密集型和经理密集型工业（Chandler，1977）。

现有的销售公司已经无法销售和分配拥有大量生产能力的工业企业增加的巨大产量，并且铁路运输和电报通信等基础设施开辟出的国内外市场还没有大军进入，因此管理者们敏锐地觉察到技术变革带来的可能改变企业性质的机会，于是他们迫于销售公司运营能力的限制，开始向前结合销售工作，建立自己的多单位销售组织，在国内和世界的商业中心建立由支薪经理领导的分支机构，并为保证原材料能够源源不断地流入工厂而设立了采购部门和运输部门。这些工业企业将采购、运输、生产、销售等多种经济职能结合起来，因此他们必须拥有相比铁路或电报这类执行单一经济功能的企业更多的职业经理人来管理如此复杂的组织，管理者将面临混合多种经营风险的管理任务，这将是一个严峻的挑战，支薪经理因此成为美国企业管理中最主要的一部分。这些多功能企业的发展蒸蒸日上，进入20世纪，他们已经处于举足轻重的地位并成为美国经济的中坚力量。

2. 组织结构变革

19世纪50年代，这种专业性强、综合性高的内部管理机构和管理程序设立的重任落在一批受过训练且具有铁路、桥梁修筑经验的土木工程师手中，他们均属于支薪经理人，并且针对这种结构的设计毫无前例可循，直到西部列车事故的发生，促使他们首次提出一套现代化分工仔细的内部组织结构，核心思想即确立公司各阶层的责任，明确规定铁路管理、保养和经营部门的职权范围与联系（Chandler，1977）。所有具体的实施方案都以此为指导思想，整理出一系列的整改措施，囊括运输助理主任、运输主任、机械师、总机械师、铁路保养主任、总主管等每一个岗位的具体工作细则，这种为寻求乘客及工作人员在使用这样新颖而快速的交通工具时安全保障的需要，使得西部线成为美国第一家以专职支薪经理通过严密的管理系统而经营的现代企业（Chandler，1977），而后建立的几条较长干线的铁路均采用了与西部线相似的组织结构。随着业务量的猛增，原有的组织结构下的货运成本却不断提高，纽约和伊利铁路总主管丹尼尔·麦卡勒姆分析，造成这一反常情况的原因是现行组织结构无法适应规模已经扩大的铁路企业，一名主管可以亲自管理一条50英里长的铁路，并且能够清楚地记得每一名员工的名字，但是一条500英里的铁路却无法采用同样的管理方法。

巴尔的摩和俄亥俄铁路率先开始调整其组织结构，董事长路易斯·麦克莱恩和总工程师本杰明·拉特罗布提出了一套新规定，对铁路作业和款项收付进行调整，规定了财务主任、财务秘书即后来审计员以及记账员的工作内容和责任，并在工作过程中使用一系列的报表进行管理和考核职员。这些报表虽然数量众多且内容十分详尽，但也仅仅停留在铁路运营的财务记录阶段，未能就铁路成本的具体分析提出可行的办法。

管理部门并未做出重大的变革，基本依旧沿用西部线的组织模式，只不过重新调整了各部门的职权范围，情况稍有改善但成效并不明显。之后，伊利铁路的麦卡勒姆进一步修改了这个由西部线和巴尔的摩和俄亥俄铁路联合发展起来的组织结构，提出了对组织结构建设标准具有非凡意义的"六项基本原则"（Chandler，1977），重点强调了明确划分职责范围和分层负责的好处，并画出美国现代企业中最早的组织图之一，用以清楚地表达职权范围。麦卡勒姆十分注重信息传递的精确性和及时性，相比较巴尔的摩和俄亥俄铁路的报表制度，他制定的同类报表能够输出更多且内容更为详尽的信息，尤其在电报系统的帮助下，这些迅速准确的报表数据在及时汇总和精准分析之后，能够帮助企业减少铁路事故的原因，协调评估各下属作业单位的工作，调整铁路运输流量以及控制成本和精确定价，给铁路行业的运营带来了不可估量的效益。麦卡勒姆提出的管理方法和原则对美国企业来说是一个全新的尝试，它之所以能够脱颖而出，就在于美国早期商人从来没有意识到对内部数据进行挖掘和利用能够给企业带来数以千计的利润。之后这种经理层级的复杂组织结构很快被宾夕法尼亚铁路公司采用，并在麦卡勒姆的基础上创新，设计了用于界定各部门关系的更广泛的组织结构，成为第一家发明直线参谋制的完整概念的美国企业（Chandler，1962）。之后便在世界范围内产生明显的示范效应，成为主流的组织管理架构。

第二节　两种资本与控制权

企业从诞生开始，就离不开财务资本和智力资本的参与。然而在企业发展和演变的过程中，两种资本的地位和作用存在缓慢的变化过程①。

一、关键社会角色产生

1. 工人出现

通过详细梳理公司演进的过程可知，雇佣关系的形成历经多个世纪，并随着工厂制企业的诞生而达到巅峰，随后一直处于稳固状态。雇佣关系的主体和客体一直受到学者们的广泛关注，早期财务资本被普遍认为是雇佣关系主体的表现形式，相应的劳动力则处于被雇佣状态，近年来，对两者关系的深入探究和主客体的真正载体的讨论热度有增无减。财务

---

① 需要说明的是，文中如无特指，"资本"一词一般表示"财务资本"。

资本的急速发展与雇佣关系的演变过程有着密不可分的关系，并且两者相辅相成，一度使资本家在社会和市场中拥有"至高无上"的权力去剥削、压榨工人。

在家庭作坊作为主导生产组织形式时，师傅和学徒、帮工的关系十分亲密，他们之间不存在界限分明的支配与被支配关系，更多的是处于一种大家庭式的生产、生活状态。师傅以传授技艺为其主要责任，在一定程度上被认为是手工艺老师，学徒和帮工进入作坊的意图是学习一门足以谋生的手艺，想要学有所成，必须通过几年甚至更长时间的磨炼和积累，技艺娴熟者便可以利用此项技艺养家糊口，因此作坊普遍存在于对手工技术要求较高的行业，而师徒之间的传承成为技艺流存的主要途径。随后，呢绒商的产生为雇佣关系的形成奠定了基础，作坊主与呢绒商二者之间形成以信用为纽带的稳定合作关系，一方负责生产，另一方负责原料提供和成品销售，这种关系在形式上已经很接近雇佣关系，财务资本以信用的形式由呢绒商提供，织工提供劳动力，出售商品和利润分配都由呢绒商负责，他们集生产者、销售者、供应商等多个角色于一身，市场风险由双方共担。但正如 Ramsay（1982）认为，呢绒商与织工之间更像是一种临时合作关系，双方均有权利随时更换合作的另一方，不存在明确的雇佣关系。

包买商随着其制度的逐渐成熟而成为连接作坊与市场的重要桥梁，他们利用自己的专业知识和丰富经验预测市场需求，以制定生产任务，固定供给原料的数量和工人的报酬，并从生产者的身份中剥离出来成为商人，独立地承担市场风险和经营风险，并成为剩余利润索取者。同时他们组织、管理和控制分散在城市和乡村中的个体和作坊，提供计件工资形式的报酬给手工劳动者，换句话说，商人以资本家和雇佣者的姿态出现在农村手工业中，并以"工资"的形态支配和剥削劳工，完成了雇佣关系的进化过程。除此之外，在分散的手工工场中，工场主雇佣劳工进行生产成为常态，为保证产量的提升，技艺娴熟成为劳工被雇佣的首要标准。逐渐出现一批以手工业为唯一谋生手段的"工人"，他们与土地联系较少，往往留在城里并很少固定在一个地方。据统计，15世纪下半叶，在英国约克郡城镇索厄比和卡尔弗莱，随着乡村手工业的发展，大批移民为求职被纺织业雇主雇佣来到这里，呢绒工人的群体由于移民的加入而扩大，此时乡村手工业的主力军已经由家庭作坊里的固定工人演变为外出谋生的手工业者，他们的流动性和受工资影响的弹性极大，手工业者的处境还未至寸步难行。

2. 工厂主的产生

家庭作坊普遍存在时，手工业工人未被集中到固定场所工作，包买商也是邻里的熟人，老板和工人的界限几乎不存在，甚至作坊主有徒弟、帮工，并且产量稳定，而包买商随时有破产的风险，一种临时合作关系的意味尤其突出。手工工场时期，老板身兼二职，他们与工人一起上下班甚至加入生产者行列，并且直接参与生产组织管理，凡事亲力亲为，据Mantoux（1959）考察，他们从自主上看是老板，从职业和生活方式上看仍是工人。直到第一次工业革命将他们彻底分离，大量的资本、工人使工厂主管理分身乏术，甚至会雇佣专门的人员来监督工人的日常生产工作，而他们自己则负责筹集资本、开设新工厂、引进技术设备等活动，与一线生产工作基本完全隔离，他们也因此具备了商人、资本家、管理者等众多职能于一身，甚至为自己占据支配地位而沾沾自喜。工人与工厂主之间已形成十分牢固的雇佣关系，剥削与被剥削的事例已成为家常便饭，工人正处于不利地位。

工人的前身——手工业者虽然受到包买商的管理和制约，但人身自由不受限制，并且工人之间手艺的差距迫使生产出的成品质量参差不齐，完全的手工劳动使工人之间存在比较，灵巧的双手成为受聘的首要条件，技术工人凭借娴熟的技艺能够脱颖而出。工厂里生产速度全靠工人自身条件限制，工场主想要加大生产量似乎除了招募更多的工人或者熟练的工人之外别无他法，这样的特征一直持续至手工工场时期。此时纪律和规则刚刚浮出水面，还没有成为烙印甚至是逼迫工人丧失自主性的武器，所以工人还未感受到与机器竞争的可怕的压迫感。工厂制的诞生使当时雇佣关系的主客体呈现出的对立面彻底暴露了出来，第一次技术革命的浪潮使工人与发明出的机器、机械化工序竞争激烈。从飞梭开始的机器发明史同样可以看作工人被迫在残酷的压榨下与企业主谈判的血泪史，每一次生产机器的创造都毫无疑问与工人的罢工一同出现，甚至遭到工人协会、同盟冒着以牺牲为代价的奋起抵抗，而法律却永远维护企业主的利益，此时资本至上的观念就已经出现苗头。屡次反抗失败，最后工人沦为机器的奴隶，丧失独立自主性并被囚于工厂这个巨大的笼子中，像进入监狱一样痛苦不堪，但又不得不为了生计拼命奔波。工人与机器竞争岗位，最后甚至妇女、儿童成为车间的主力军，只因为他们的工资极低而且温顺，熟练的工人在机器面前显得软弱无力，生产方面的巨大变化使得工业发展彻底告别手工时代。

3. 经理阶层的出现

19世纪50年代，铁路企业的经营首先需要组织结构的变革，支薪经理成为公司制企业最主要的产物之一。基层经理负责日常工作的管理，中、高层经理则负责协调各项事务并评估基层经理的工作，这种经理层级制的产生使企业员工的规模达到空前未有的地步。股东们缺乏专业知识和管理经验，使得支薪经理们直面公司的各种复杂问题和决策，久而久之，他们不仅熟练地掌握了公司的运作程序和管理内容，并且对公司内外部环境了如指掌，正如Chandler（1977）所说，"高层经理决定着企业的长远目标，并分配实现这些目标所需要的人力资源、货币资源和设备资源"。支薪经理实际上是由工人演变而来的一种新的阶层，在公司制企业产生之前，规模较大的工厂例如采矿、制造厂就已经出现了职业管理者，他们拥有的管理职能和商业技术使企业家能够分权下放至中层管理者，而在基层生产工作中，"工头"是最常见的一类管理人员，他们主要负责监督工人是否按照工厂规定开展生产活动，对操作机器或技术程序加以指导，暴力地打骂和克扣工资是他们惯用的伎俩。随着资本主义大型公司的增多，企业业务的复杂多样迫使企业调整组织结构，这些有经验、专业知识、技术的工人自然而然成为支薪经理的首选，高层经理成为股东的代理人。

4. 资本家的出现

早期的作坊主以生产任务为主，他们大多是技艺精湛的工匠，通过招收学徒和帮工成立小作坊，作坊的发展一般有三种不同的情况，第一种是积累了丰富销售经验的织工承担起采购和销售的职责，身兼生产者、呢绒商二职，在具有相当的资本存量后变成专职的包买商；第二种是作坊主利用远近闻名的纯熟技艺扩大工人数量成为工场主；第三种是作坊主既没有销售经验，又没有经营能力，其作坊的发展一直不温不火，处于被包买商支配的地位。不难发现，前两种情况演变出的包买商和工场主随后都依靠其非凡的经营能力成为工厂制中的工厂主，一方面，从机器的发明史中可以看出，除了阿克莱特使用其独特的商业才能建立了克罗姆福德纱厂并成功致富以外，其他的发明家们都毫无例外地仅仅成为专利权的所有人并与已有的工厂主合作，甚至不乏有些发明家将工厂经营得一塌糊涂直到破产连生计都成问题；另一方面，这些农村的铁匠、织工、剃须匠等虽然构成了第一代大工业家，但要想成功就必须具备适合某些新任务的才能，他们从来都不是发明家，而只是善于利用别人的发明进行经营（Mantoux，1959）。机器及机械化设备的发明，使想要经营工厂进行大规模生产的人必须拥有相当多的资本以购买设备和建造厂房，资金的占用形式从流动资本向固定资本转移，工厂主变为集所有权与控制权于一身的资本家。

二、控制权的演变

控制权在企业管理中至关重要。Berle 和 Means（1932）调查与统计了美国200家最大的非银行业公司所有权与控制权的分离情况，结论认为，控制权已经在相当程度上脱离了所有权，由此引发了关于两权分离问题的探索热潮。长期以来，学者们十分热衷于研究控制权的归属问题，而 Berle 和 Means（1932）在其著作《现代公司与私有财产》一书中对控制权问题最初的关注以及疑难问题的研究能够为其起源和演变过程提供可靠的参考。

1. 公司形态变化

工厂制将大量工人置于统一的管理之下，聚集个人或少数人的财富并同时由这些人控制，与财产相关的所有权、控制权等权利明确属于个人或与其合伙人共享。现代公司诞生时，出现了两种不同表现形式的公司，一类是由个人或其合伙人利用自己的财产出资设立的私人公司，这些财产本质上由公司拥有，但控制权依然掌握在创始人手中，公司由他们自己或者他们任命的人来经营，其规模的大小主要局限于拥有控制权的人的财富的多寡（Berle、Means，1932）。一类是仅凭个人、家族或合伙人的财富无法设立的大型公司，例如铁路、电报、公益、事业企业等，巨大的创始资本使得这些大型公司采用多种渠道进行融资，公司财产所有者的人数不断增加，公司所有者与控制者无法做到一一对应，于是工人将劳动力让渡给雇主变成固定工资劳动者，而向现代公司投资的财产所有者将其财富委托给控制人，自己变成单纯的资本报酬领受者。此时，出现了一种本质上不同类型的公司——准公共公司，Berle 和 Means（1932）将其定义为具有极大规模且其资本依靠公开市场募集的企业。私人企业已经逐渐被这些准公共公司所替代，但不乏财力庞大者依然依靠自身财富设立的私人企业屹立不倒，例如当时的福特公司仍由福特先生及其近亲掌管。

2. 准公共公司的兴起

准公共公司最早产生于公益企业、非营利性企业中，这些公司的股票被大量股东持有，而制造业企业采用这种形式最早可追溯至波士顿制造公司，即波士顿商人弗兰西斯·卡伯特·洛厄尔于1814年建立的沃尔瑟姆纺织厂,尽管规模小,无法与如今的巨型公司相比较,但其准公共公司的特征却已经初步具备。据 Berle 和 Means (1932) 的统计,该公司的股票最初由 11 位股东持有,1830 年后股东人数增至 76 位,公司不得不联合 12 位大股东形成多数控制的局面,经营权由董事会掌握,而董事会的总计持股比例也仅占 22%,1850 年后股东人数进一步增至 123 位,其最大股东持股比例为 8.5%,51% 的股票分散为 17 个人所持有,而管理层仅持有 11% 的股票。公司股东人数的增加意味着所有权相当分散,实收资本也由最初的 30 万美元在二十年间增加至 100 万美元,由于其生产经营首次实现了将所有工序统一置于一家工厂内进行调度,工业企业的规模十分庞大。当时就已经出现了相当于现在公司制度中的"发起人",其在公开市场上向公众出售股份,他们大多是企业最初的组织者,通过这种方式,他们能够将自己以及大部分资产从初始投资的大量财产中解放出来,从而继续依照同样的方式设立其他公司,而后相继出现了一系列的大型纺织企业,他们几乎配备了涵盖所有适应大规模生产的机器设备,并且股份全部由公众持有。

1860 年以前,这种公司形态在工业领域仅仅存在于纺织业,直到它为铁路企业的设立提供了样板,建立了世界上第一个现代工商企业。1853 年,第一个重要集合体的纽约中央铁路公司建立,其由 10 家小型公司通过股票交易的方式转让给一家新公司,以由此联合起来的财产为基础,发行了 3400 万美元的证券,由 2445 位投资者分散持有,其中没有任何个人或者集团持有能够控制公司的股份数量(Berle、Means,1932)。随后,铁路企业几乎被这种准公共公司所控制,19 世纪末和 20 世纪初,在铁路公司的带领下,经济生活的方方面面均被相继纳入公司形态的统治中,银行业、保险业、公用事业等公司率先开始采用,采矿业和采石业接踵而至,而其在制造业中的发展比较缓慢,但其转变还是显而易见的。

3. 两权分离的产生

两权分离是公司治理诞生的最重要背景。Berle 和 Means (1932) 认为,控制权是公司制度的特殊产物,由那些拥有能够挑选经营公司日常事务的董事会成员掌握。由于准公共公司中所有者人数持续增加,从而导致了所有权与控制权的实质性分离,也正因这种分离的存在,才使得财产的巨额集中成为可能,而其证券在公开市场上流通之时,公司的一部分或大部分所有者几乎永远放弃了对公司的控制权。

Berle 和 Means (1932) 将两权分离的程度划分为五种类型:①通过

近乎全部所有权实施的控制，即所谓的私人公司。②多数所有权控制。这是所有权与控制权分离的第一步，对于少量股东来说这两权处于完全分离的状态。③不具备多数所有权，但通过合法手段而实施的控制。不拥有多数股权的情况下，为了对公司实施控制，形成了多种法律手段，最普遍且最重要的是"金字塔形"手段，这种手段形成的控制权结构允许投资迅速减少而控制权仍能维持，合法控制权得以有效地与合法所有权相脱离。另一种手段是通过拥有超半数的特权股票获得公司实际控制权，即公司将发行的股票分成相应等级并对应不同的权利，而大多数股票不具备选举权。④少数所有权控制。指股东取得其他分散的股东的代理（投票）权，再结合拥有的少数股权一起控制大部分投票权，但这种控制权存在着严重的局限性，即经营者内部可能会产生矛盾，经营者与控制者发生利益冲突时，他将拒绝运用代理机制为居于控制地位的持少数股票的集团服务，控制权争夺战将一触即发，类似情况的发生表明了这种基于少数投票权基础上的控制权的非稳固性。⑤经营者控制。除此类型以外，其他四种类型都至少是建立在拥有最低限度的所有权基础上，这种所有权使得控制权不受名义经营者的控制。经营者控制实际上表明了公司所有权呈现高度分散，任何个人或小团体都无法通过持有少量股份去控制公司活动，同样没有大股东能凭借其持有的股份而对经营者施加压力。所以股东对董事的选举要么不投票，要么将投票权转让给那些他根本无法控制也不能参与挑选的个人，这些个人是由公司经营者选出的代理投票权委员会委员，这一过程的循环往复使公司的经营者持有的股份即使无足轻重也能够成为自我永存的实体。

Berle 和 Means（1932）对 1930 年年初美国 200 家最大公司控制形态进行统计调查，这些调查对象包括 42 家铁路公司、52 家公用事业公司以及 106 家工业公司，他们全部的财富占非银行业公司总财富的一半左右。统计结果显示，就公司数量占比来说，经营者控制公司占 44%，通过法律手段实施的控制占 21%，这说明数量超过 65% 且财富占比近 80% 的公司被经营者所控制，或者少数所有权通过法律手段实施控制，根据这个结果，他们认为所有权与控制权的分离程度已经相当显著。他们表示，"控制权在过去被视为所有权的一项功能，而现在则表现为一项独立的、可分割的要素"，这种分离带来的后果是掌握权力的双方之间必然出现利益分歧。工业革命以前，工场主将对企业拥有权益的职能、对企业拥有权力的职能以及对企业行使权力的职能这三项职能集于一身，他们亲自管理企业、委派经营者、承担风险、独享利润，直到在公司制度下，第二项职能从第一项中分离出来，所有者变成仅拥有一系列合法、实际的权益，而控制者集团处于掌握法律和实际权力的地位。Berle 和 Means（1932）假定对个人利益的追求是激励控制者的主要动力，随着公司中控制者的持股比例下降，企业的盈亏与其个人利益之间的关系衰弱，牺牲公司利益创造个人利益的行为逐渐成为控制者的常用手段，所有者与控制者的利益呈现出对立的局面。

三、公司治理的产生

从广义角度来看，公司治理是研究企业权力分配的问题。从狭义上来说，是企业所有权与经营权的管理，对企业管理层或职业经理人是否能履职负责进行监督的学问。Berle 和 Means（1932）认为，公司对其财富增加控制的方式不外乎三种：①用收益进行再投资；②在公开市场上出售证券；③购买或交换其他公司的证券。重要性最高的是第二种方式，无论哪一种途径都使得公司的财富日趋分散化，对财富的控制权和所有权逐渐掌握在少数人的手中。控制现代公司的管理者是否真正能够为所有者的利益而经营公司这一问题还不能给出肯定的答案，此后众多学者围绕双方利益分歧问题展开了研究。20世纪80年代，经理人员的高薪酬与股东、职工的薪酬增长不成比例，经理人的高薪未与企业的绩效挂钩。1981—1990年，英国100家大公司治理高层的报酬增长了351.5%，但同期公司的利润只增长了106.8%。20世纪90年代以来，经济全球化和金融危机的产生，导致投资者们迫切要求公司治理机制的改革，由两权分离理论衍生出一系列以保护投资者利益、降低代理成本、探寻融资途径为目的而设计的公司治理机制，学者们对公司治理的核心内容理解各异，形成了许多著名的理论，极大地丰富了公司治理的框架和内容。形成了以 Alchian 和 Demsetz（1972）、Jensen 和 Meckling（1976）、Fama 和 Jensen（1983）、Grossman 和 Hart（1986）、Moore 和 Hart（1990）、Shleifer 和 Vishny（1997）等为首的股东治理模式，以及以 Cochran 和 Wartic（1988）、Blair（1995）等为首的利益相关者共同治理模式。尤其是19世纪80年代以来，曝出了一系列大型公司利用财务手段舞弊的丑闻，严重损害了利益相关者的利益，如何将公司治理结构设计得合理完善这一任务迫在眉睫。

第三节　公司治理范式

托马斯·库恩（1962）的著作《科学革命的结构》极负盛名，书中首次提出"范式"的概念，随后被学术界广为引用，甚至超出了作者的本意，伊安·哈金在为纪念此书诞生五十周年的再版导读中称其为佳作中的凤毛麟角、惊世之作，在读者看来确实名副其实。库恩认为，科学革命不仅存在而且具有某种结构，他给科学革命结构中的每一个节点都赋予了完全新颖的含义，创造出了众多具有丰富内涵的名词，他从描述自然科学革命结构的角度出发，探索了科学革命发生的整个过程，为后人进行科学研究提供了一套全方位的指导。运用库恩的范式分析法可以清晰、准确地梳理出公司治理演进的脉络，为此领域的研究提供一种系统、全局的视角。

一、公司治理范式的产生与发展

在社会经济发展的历程中，人们对公司治理的认识经历了从萌芽到确认为一个新兴学科的漫长过程，这里以财务资本导向公司治理为例，阐述公司治理范式的产生与发展。

1. 范式前期

库恩认为任何科学发展的早期阶段都毫无例外地出现了一种现象，即不同的人面临着同样范围的现象却以不同的方式描述和诠释它们，他认为范式的建立有多种模式，其中一种是能够明确宣告某一科学的第一个范式形成，即在非常偶然的情况下，这些现象被科学家们挖掘出来却全然无法得到已建立且运用的成熟理论的指导，所以科学家们各抒己见，导致科学发展的早期阶段学派林立。

公司治理理论最早可以追溯至亚当·斯密（1776），他曾提到股份制公司优于合伙制公司的最显著特点即能够多方筹集资金，增加集资广泛性的同时股东对债务承担有限责任，经营由董事会全权负责，这些优势吸引了大批的投资者争相竞投，使得股份制公司在筹资方面遥遥领先于合伙制公司，斯密将这种公司制度的特点简述为"这样省事而所冒风险又只限于一定金额"，古典经济学为公司治理领域首开先河。1848年，约翰·穆勒在其著作《政治经济学原理》一书中进一步对公司制度的优缺点进行了客观的比较、分析，强调管理激励在股份制公司中的重要性和独特性，并将降低代理成本、提高效率作为公司实施激励的目标，他提出公司能够以计件工资制的形式将普通员工与企业利润联系起来，对经理人员应当采取参与式管理，驱使他们与公司同甘共苦，他更进一步提出，现代巨型企业的筹建资金不可能由少数人完全提供，铁路、银行、保险等大企业源源不断地建立并在现代企业中占有一席之地，使得相关法律制度的出台刻不容缓。

19世纪中叶，现代公司制度首先在英美两国完成转变，对特许权的废除为其扫清了发展道路上的障碍，公司变为独立于国家、政治的团体，新古典经济学的创始人和代表人物马歇尔（1890）开始着手对公司内部治理问题展开研究，并将此问题进一步深化。他认为股份制公司最大的弱点即公司的股东无法直接观察和监督管理人员的经营决策和工作努力程度，这表明他已经接触并察觉到两者之间的信息不对称势必会在股东和管理人员之间形成多层"交流"壁垒，增加代理成本，与委托代理理论的观点、内容不谋而合，他为解决此问题提出的对策是将管理人员的薪酬与公司绩效挂靠，用以激励他们追求公司利润最大化，这些观点已经十分接近导致公司治理问题的根本动因，由于他们不够深刻的理解和单一、薄弱的治理建议，使其在探索公司治理问题本质的道路上停滞不前。

作为"黑箱理论"的古典经济学与新古典经济学对公司治理领域的见解为此问题的凸显发挥了关键性的作用，但不置可否的是，他们虽然已经意识到了两权分离、信息不对称、利益分歧等公司治理问题的出现，但囿于时代和环境的条件限制没有揭示出问题的本质，也没有提出相关理论和行之有效的解决方案。此时公司治理这一学科领域还没有形成统一的框架、标准和规范，呈现出不同学派竞相发声的局面，但这些缺乏深层次思考且零散的思想形成了公司治理范式的前范式时期（金帆、张雪，2018）。

2.范式确立

库恩认为科学成就必须同时具备两个特征：一是"空前地吸引一批坚定的拥护者，使他们脱离科学活动的其他竞争模式"，二是成就能够毫无限制地为"重新组成的一批实践者留下有待解决的种种问题"，"凡是具备这两个特征的成就，我此后便称之为'范式'"。范式明确了科学共同体研究的问题，暗含着一种相互关联的理论和方法论信念。由于科学共同体承诺遵循同样的规则和标准进行科学实践，故最终对这种问题的研究会转变为一门专业或至少是一个学科。库恩认为科学革命具有必然性，否则我们将不可能获得新的理论，将库恩对范式的定义运用于社会科学并进行概括，可以得出范式即某一学科或领域在特定历史阶段下形成的共同信念、共同研究范围以及共同理论框架，在一定的时代背景下，范式具有稳定性和持续性，从系统的角度出发认识范式，其还具有历史阶段性。必须注意的是，理论要作为一种范式被接受，它必须优于它的竞争对手，但它不需要，而且事实上也绝不可能解释它所面临的所有事实，换言之，范式会提供一套框架、标准和规范给共同体，用以对其从事的科学实践加以指导，但范式的建立并不意味着某一学科或领域的所有实践问题都将被解决，且所有争论都将停止或有任何整套规则的存在。

伯利和米恩斯（1932）首次通过统计数据发现了所有权与控制权分离的现象，并随着分离程度的加剧，这些实际拥有控制权的管理者能够获得一个运用这些权利去损害股东利益的可乘之机。当控制者的收益主要来源于其个人货币收益时，所有者与控制者的利益就会对立起来。尽管两位学者没有使用"代理"一词来描述，但他们的认识和见解与现代的"代理理论"大同小异。随后，詹姆斯·白恩汉（1941）在《经理革命：世界上正在发生什么》一书中首次提出"经理革命"的概念，用以描述发生两权分离的公司中，管理者正在获得越来越大的控制权，并表示这种革命已经将社会的统治阶级由过去的资本家变为现代的企业管理者。这些经济学家们对两权分离问题做了详细、系统的论述，为公司治理结构理论提供了一定的理论基础。

契约理论的先驱分支理论——交易成本理论在罗纳德·科斯（1937）的指引下开展了对企业性质的研究，他认为企业内部的关系是权力关系，外部关系都属于契约。随后，Alchian 和 Demsetz（1972）认为企业的内、外部关系都属于契约。Jensen 和 Meckling（1976）进一步提出企业是由一系列契约联结而成的，运用企业理论对公司治理理论加以指导后他们对两权分离现象重新做了分析，从委托代理理论出发，发现了所有者与管理者利益分歧的原因在于存在代理冲突，这是两权分离的必然结果。

1990 年以来，基于 Aghion 和 Bolton（1992）的开创性研究，及 Hart（1995）、Hart 和 Moore（1998）的继承性研究，不完全契约理论在学术界闪亮登场。契约总是不完全的，公司治理结构作为一个决策机制在初始契约中并无法明确规定，更准确地说，治理结构将决定在初始契约中未做出规定的资产使用权的权限（Hart，1995），即剩余控制权的分配问题。控制权的分配理论为公司治理问题的认识提供了一种新的视角。同时，以交易费用和社会成本理论为基础发展出现代产权理论，此理论从资源的有效配置和经济的高效运行出发，指出产权的重要作用在于克服外部性，以此降低社会成本，实现资源配置的有效性，西方现代产权理论成为公司治理结构设计的重要理论分析工具。

学者们以委托代理理论和产权理论为主要理论依据对公司治理的定义众说纷纭，迄今为止还没有一种公认的定义能够完全概括出公司治理的内涵，但从具有代表性的几个定义看出，公司治理领域已经形成了统一的理论研究框架，研究的基本问题已经确定且研究范围被界定。这些理论已经能够为异常现象提供最有效的论证，公司治理的第一个范式宣告确立。

关于公司治理的一些共性认识总结如下：公司治理问题根源于两权分离带来的委托代理问题；公司治理结构是由股东大会、董事会、监事会、管理层等组织架构以及联结上述组织架构权、责、利的划分与制衡关系、配套机制等游戏规则构成的有机整体，属于一种制度安排；公司治理的关键在于配置各利益相关者的权、责、利，以形成制衡关系；公司治理结构的核心内容是企业的权利安排和利益分配，即关于企业的控制权和剩余索取权的一整套具有法律、文化、制度性的安排，这里控制权的安排体现着公司治理范式的共同信念。

3.常规科学

库恩认为，范式的成功在开始时很大程度上只是选取的、不完备的、有可能成功的预示，常规科学就在于实现这种预示，其方法是扩展那些范式所展示出来的特别有启发性的事实，增进这些事实与范式之间的吻合程度，并且力图使范式本身更加清晰。他还认为常规科学的目的在于稳定地拓展知识的广度和深度；常规科学导致了资料的详尽，也导致了任何其他方式都不能达到的观察——理论相一致的精确性，常规科学即是解谜，在范式指导的应用范围和精确性下，科学专业工作者利用现有的规则、已有的知识以及界定好了的深奥问题，为他探索出的事实求得一个解。

范式通过科学教育进行传播，其中的理论、观点、概念等与应用一起出现并通过应用得以展示出来，这些应用伴随理论等写进教科书，学生或学者将通过观察或参与这些概念应用于解决问题的过程，从而进一步深刻理解相关名词、概念的含义。事实上，近十年来，公司治理的确已经成为常规科学，公司治理已经作为一门课程进入全球大部分经济学和商学教育体系之中。在学术研究中，公司治理的触角几乎已经延伸到管理学的方方面面，如高管的面相、出生地甚至属相，公司注册地是否有高铁等因素都被纳入公司治理的研究中。这些现象说明传统的公司治理研究已经接近天花板，已难以产生重要的理论创新。

4.反常与危机

库恩认为发现始于意识到反常，即意识到"自然界总是以某种方法违反支配常规科学的范式所做的预测"。从历史的进程看，发现绝非孤立的事件，于是人们继续对反常领域进行扩展式探索，直到对范式进行附加调整，以使反常与理论预测相符为止。事实上在公司治理领域亦是如此，当"同股不同权"的治理方式出现后，主流研究仍然将之纳入传统的研究框架内，试图依据现有的理论对公司治理进行改良或改造。诚如库恩所言，"只要能够对现有范式做出非根本性的调整，他们就不会轻易地被反常所扰"。

当反常现象增多，主流学者身处被这些反常所波及的危机中并感到惴惴不安，而这种不安全感来源于人们想要利用常规科学解开它本应解开的谜题但却遭受持续失败。当修补现有范式的工作越来越捉襟见肘时，常规科学的规则开始松弛，新范式被逐渐意识到。数字经济为公司治理领域的研究带来了困惑，越来越多的公司不再对"同股同权"感兴趣，甚至"表决权差异安排"成为大多数新兴企业的共同选择，财务资本导向公司治理范式的危机才真正来临。旧范式的危机与新范式的成长是同时发生的，随着时代发展和学术研究推进，最终智力资本导向公司治理范式确立了自己的主流地位。

二、公司治理范式的主要特征

1.公司治理范式存在的稳定性和持续性

一种范式一旦建立，其应用范围和精确性即被界定，常规科学开始通过大量研究丰富拓展范式的领地，在相关理论、概念、原理的指导下游刃有余地解决常规科学应当解决的问题。伴随着资本市场的诞生和发展，财务资本导向公司治理范式历经数百年得以确立，直到今天仍然占据学术研究的主流地位。事实上，进入21世纪以来，公司治理领域的学术研究呈现井喷状态，其研究视角几乎覆盖了社会生活的每个角落，公司治理领域正在进行着狂欢盛宴。在危机出现前，任何一种范式都会表现出一定的稳定性和持续性。

2.公司治理范式的阶段性

任何范式都是特定历史阶段的产物，自然科学如此，社会科学亦如此。相比自然科学，社会科学所受环境变化的影响更大，除政治、经济、文化等人文因素外，科学技术的影响也越来越深刻。在从工业经济向数字经济的转型过程中，资本市场不断变革和发展，新兴科技深刻地改变着人们的生产方式和生活方式，企业管理发生着重大变化，公司治理范式也无法置身其外。财务资本导向公司治理范式是工业经济的产物，也终将伴随工业经济让位于数字经济的进程而成为历史记忆。

3.公司治理范式转换的必然性

库恩认为，"在所有同化新理论和几乎所有同化新现象的过程中，事实上都必然要求摧毁旧范式"。这意味着没有范式转换的发生，我们就不能获得新理论，而一种范式通过革命向另一种范式的过渡便是成熟科学通常的发展模式。今天，绝大多数新兴企业都采用智力资本导向公司治理寻求IPO时，对公司治理的学术研究亦应大胆创新，转换思维方式，以范式的视角看待数字经济环境下的新现象，建立智力资本导向公司治理范式的理论体系。公司治理范式的第一次转换为管理学的再次创新创造了机遇。

第三章　财务资本导向的公司治理

第一节　财务资本导向公司治理范式的确立

在相当长的时期内，财务资本在价值创造活动中占据着主导地位，因而财务资本所有者在公司治理中掌握着控制权。财务资本导向的公司治理范式是适应于工业经济时代的典型范式。

一、共同信念的形成

1. 社会背景

第二次工业革命对制造业原先较小规模的生产方式造成了巨大冲击，在蒸汽动力和福特流水线的支持下，大规模制造系统应运而生，由标准化和专业化带来的规模经济效应不仅使生产成本显著降低，而且扩大了市场需求，使二者通过正向循环相互作用。直到20世纪80年代以前，机器生产的精准性和快速性使其在生产制造中迅速脱颖而出，大规模生产始终占据着工业生产方式的主导地位。由于规模效应是当时众多公司的主要利润导向，因此为了提高生产效率，企业会尽可能地使用机器替代人工，从此一线工人退居"幕后"，成为操作机器的简单劳动工人，对工人技能的要求在此阶段达到低谷，生产和管理的双重规模经济性使社会步入了大企业主导时代。

一方面，在大规模生产的制造环境中，劳动一词意味着简单、重复的机械化操作，企业将劳动看作"纯"成本，毫无获利可言，劳动的存在只能给企业增加生产成本，所以任何能够显著降低人工成本的方法都将成为最优的制造决策，人力资本的核心组成即是这些提供简单劳动的劳动力，而当时社会的简单劳动力可谓应有尽有。另一方面，现代公司的涌现为财富的大量集中提供了途径，在创建企业、工厂的过程中需要一系列生产要素的集合，例如资本、土地、劳动力，而大型公司的建立、机器设备的采购等都导致企业对资金的需求量极大，加之资本市场正处于发展初期，进而财务资本成为最稀缺且最难筹集的一项生产要素，自然而然非人力资本所有者在企业和市场中的作用快速突显出来。

2. 资本雇佣劳动

奈特（1921）在《风险、不确定性和收益》中通过风险偏好的视角对"资本雇佣劳动"进行了解说，他认为企业家承担预测、对生产过程提供技术指导和管制等职能，并拥有对这些职能的支配权。除此之外，人们在判断、决策能力等方面的差异会影响其对待事物的不同看法进而产生不同程度的"冒险"意愿，这也是影响组织形式发生变化的原因所在。奈特认为，一方面工人是风险厌恶者，资本家是风险中性者，因此厌恶风险的工人将市场不确定性风险转嫁给风险偏好中性的资本家，同时向资本家支付"风险佣金"，并甘愿领取一个低于期望收入的固定工资（杨瑞龙、杨其静，2000），相反资本家由于承担市场不确定性风险成为剩余索取者并获得"风险佣金"。另一方面，在所有权与控制权分离的企业中，明显存在着决策职能和承担决策错误的"风险"职能之间的分离，被雇佣的经理是股东的代理人，他们负责决策并拿取固定工资，且不承担风险，股东承担真正的风险并拿取剩余收入，他们不参与企业管理，也不对日常经营活动进行干预，他们才是真正的"企业家"。基于此他提出，企业家之所以能够获得与工资不同的剩余收入，是因为他们能够自信而大胆地"承担风险"，并通过担保后一种特殊收入作为实际结果分配回报来为怀疑和胆怯"承保"，后者就得到作为实际结果分配回报的一种特殊收入，换言之，企业家能够保证这些提供生产服务的个人获得固定的酬劳，而他自己则获得在其他人收入"被确定"了之后所"剩下的部分"。Dow（1993）认为工人可能比资本家更不重视未来的收入，因为他们在信贷市场上是定量配给的，如果是这样，他们在工资谈判中也会受到阻碍，不能使财富多样化的工人可能比资本主义投资者更加厌恶风险，任何不愿承担风险的态度也会损害工人的谈判地位。

Dow（1993）首次提出"资本雇佣劳动"的概念，他勾勒出一种机制，通过这种机制，公司内部的权利中心可以影响准租金的分配，进而影响其他组织结构的生存能力。在资本管理型企业（KMF）中，一旦有了专门的资产，就相当于获取了议价能力，因此实物资产所有人是剩余索取者并且雇佣工人。他认为普通工人的人力资本具有通用性，物资资本具有专用性，意味着企业所有的出资者包括债权人都将是最终的风险承担者（杨瑞龙、杨其静，2000），所以劳动管理型企业（LMF）的长期生存难以预测，它不会成为最优的组织形式。

张维迎（1996）以独特的视角论证了资本雇佣劳动具有合理性。他认为契约不可能完备，让最重要、最难监督的成员拥有企业所有权可以使剩余索取权和控制权达到最大限度的对应，从而带来的外部性最小，企业总价值最大。由于经营者主要是用脑袋进行非程序化工作的，其行为自然最难被监督。张维迎进一步指出非人力资本具有抵押功能，因为非人力资本与其所有者可分离，从而容易被"敲竹杠"。这意味着财务资本（非人力资本所有者）能对其他成员提供保险且其做出的承诺可信赖度更高，财务资本进入企业将成为"天生的"风险承担者，股东拥有投票权就是因为股东是剩余索取者，承担着边际风险，其利益最没有保障，因而最有积极性做出最好的决策。因此张维迎认为公司治理结构的逻辑即控制权跟着剩余索取权走或相反，这样能够使两者达到最大限度的对应。

上述对于资本雇佣劳动信念的几种颇具代表性的解释为我们揭示了财务资本在该范式下的核心地位，它掌握着雇佣关系的主体地位（所有者），绝大多数学者对客体能力（经营者）的认知是从消极视角出发的，探究作为能够主动侵害所有者权益的经营者的行为动机以及相关治理机制，资本雇佣劳动信念指导下的财务资本导向公司治理范式充斥着一种被动、消极抑制、信任薄弱的意味。

二、控制权成为核心

财务资本掌握控制权是一种法定权利。公司制企业的诞生和发展，实际上也是《公司法》《证券法》等相关法律法规制度的不断演化过程。财务资本掌握公司的控制权，一直是相关法律赋予的法定权利，这与漫长的工业经济发展时期财务资本的重要性和稀缺性是相一致的。而法律的修订必然以实践的要求为基础，只有在该法定赋权与现实情况产生冲突的情况下，法律条款才有可能进行修订，以适应新的社会需求。

工业经济时代，财务资本的特性决定了其在控制权分配中居于主导地位。财务资本可独立于人身，具有良好的可担保性和购买力，它作为企业与外界一切物质交流活动的媒介，是对外承担风险和树立信任的重要基础（杨瑞龙、杨其静，2000），对内部人控制现象的排斥和恶劣态度正体现出资本雇佣劳动信念的深入人心，内部人控制现象被描述为经理作为决策的执行者，在接受股东委托的各项事务和权力的过程中逐渐摆脱了仅仅对日常经营活动指挥的框架，转而将决策手臂伸到战略层面上，在企业的经营中充分占据了获取信息和资源的优势，最终成为企业的实际控制者。在以委托代理理论为出发点的研究中，学者们先验地认为内部人控制现象是异常的，潜在含义是应当由财务资本掌握公司的最终控制权，因此必须用制度加以约束和规范经理人员的行为。

三、股东价值最大化目标

激励机制的提出是管理学的重大创新。Jensen 和 Meckling（1976）用"委托代理理论"对伯利和米恩斯（1932）提出的所有者与经营者之间的关系做了经典总结，所有权与控制权的分离使得公司经理实际掌握控制权，对经理进行监督是保护所有者利益的重要手段，但监督是一种公共品，如果施行监督费用很大，每个股东都将存在"搭便车"的行为，导致监督无法实施，丧失监督便会存在经理损害股东利益而追求自身目标的危险局面。因此委托人和代理人在存在利益冲突和信息不对称的条件下，如何设计激励机制激励代理人以实现所有者利益最大化为目标进行经营决策是该理论的中心任务。

团队理论是另一个里程碑。Holmstrom（1982）提出团队工作中的偷懒行为，即"搭便车"行为，它将导致团队中工作努力的动机减弱，因此团队中应当雇佣一个委托人来监督代理人的行为，该委托人对公司的净收入有确切的所有权，并以此来激励代理人重获工作动力。只有引入一个主体负责承担非预算平衡共享规则的剩余部分，才能克服激励机制执行的种种困难，但必须注意的是团队中委托人的作用不是像 Alchian 和 Demsetz（1972）所重点强调的监督团队成员，而是打破预算平衡，使得激励机制发挥作用。即使激励机制仍然以所有者为中心，但其能够有效地缓解财务资本（所有者）与智力资本（经营者）之间紧张的对立冲突。Shleifer 和 Vishny（1997）进一步提出，公司治理的中心问题应该是保障财务资本提供者能够基于投资获取相应的回报，但代理问题的危害性日益突出，使得经理在携款潜逃、浪费资金于小项目等方面实施机会主义行为的案例比比皆是，公司治理机制的设计应该围绕这一问题展开，将资金提供者的利益放在首位。

委托代理理论和激励理论服务于股东价值最大化目标，Shleifer 和 Vishny（1997）提出的公司治理内涵更是将所有者利益摆在首位，公司治理机制的设计根植于资本雇佣劳动信念之中。因此，财务资本导向的公司治理不仅在实践中以股东价值最大化为目标，而且学术领域也以委托代理关系为研究的出发点。

四、同股同权原则

在两百多年的资本市场发展历程中，形成了以持股比例大小决定的权力分配机制，控制权的主要表现形式是"投票权"，即利益主体所持的每一股份便拥有一份表决权，即同股同权原则。拥有投票权的股东即拥有对契约中未规定事宜的决策权，同股同权原则是资本雇佣劳动信念下指导公司治理与资本市场运行的基本原则，股东是公认的剩余索取者，通过按照股份比例享有投票权和报酬是各国优先保护投资者利益的通用做法以及利益相关者各方共同认可的权利分配方式。

在资本雇佣劳动信念的支撑下，以财务资本掌握控制权为核心、以股东价值最大化为目标、以同股同权为基本原则的财务资本导向公司治理范式的框架形成，共同信念起着精神支柱和价值引领的作用，为该范式的构建奠定了思想基础，并吸引了一大批学者脱离其他的竞争思想转而在该信念下开展一系列的理论研究，从而推动公司治理进入管理学研究的主流阵地。

第二节　财务资本导向公司治理的理论基础

一些被众多学者普遍认可的规范性研究成果相继问世之后，财务资本导向公司治理范式的基本框架被确立，与此同时理论研究正轰轰烈烈地展开，学术界从多方面对财务资本的主导地位进行论证和自我强化，逐渐确立了财务资本在公司治理中的核心地位，探究出其实质表现为对控制权和剩余索取权的拥有。影响力较大的主要有三项理论，贯穿于理论中的三条逻辑路线被用以支撑财务资本掌握控制权这一命题。

一、团队生产理论

团队生产理论遵循的逻辑是财务资本→监督地位→控制权。Alchian和Demsetz（1972）首先认识到，当团队生产的总产出大于单个个体分离产出之和，并且在支付组织和约束团队成员行为的费用之后仍然存在正向剩余，就应该选择团队生产而非个人散点式生产。随后提出在一个团队中，计量贡献方法可靠性的高低与生产积极性的高低具有高度正相关关系，此中困难之处在于仅仅通过观察团队的总产出无法正确测量和计算单个成员对合作产出的贡献，个人贡献无法被合理准确地测量。

团队理论认为，在贡献难以准确测量的情况下，实施激励措施将会带来两个严重的问题。其一，如果无法通过零成本或低成本的方式有效地监督团队成员的"偷懒"情况，"搭便车"行为便会悄然发生，而由该行为带来的损失将由其他团队成员共同承担。在缺乏监督机制的团队中，

"偷懒"行为具有隐蔽性而不易被监督，易于模仿却又不易被举报，从而解决这个问题的障碍在于某一成员做出"偷懒"行为所付出的个人成本小于整个团队对此行为进行彻底整治的真实总成本，因此对监督机制进行系统化设计并使其"无摩擦"地运行成为管理团队生产的方法之一，同时也是关键所在。然而，在团队生产中实施监督行为本身从来不是管理的主要目的，并且想要实现完全意义上的监督边际成本与其边际收益相等，必然要使团队成员在保证不会相互包庇的前提下进行合理有效的相互监督，这需要以更低的生产率为代价换取。

其二，即使可能存在"搭便车"行为，多数成员仍然希望监督机制能够卓有成效地运行，如此一来，团队中的高效率成员能够获得更高的金钱报酬并减少闲暇时间；相反，团队中个人产出绩效位于平均水平之上的成员若是无法通过其真实产出衡量所获报酬，两者的不匹配会大幅降低高效员工工作的积极性，长此以往整个团队的运作效率必然下降。

因此，减少偷懒行为的一种低成本、高效率的办法是引入外部监督者对其成员的生产贡献进行监督和测量，外部监督者不加入个人产出的竞争，即独立于生产工作之外，负责评估产出绩效、分配奖励、观察投入等方面的工作，但是在以个人产出绩效作为工资奖金基础的团队中，拿什么来保证监督者的收入促使他既能心甘情愿地担任这一职位，又能完成得出色？如果团队成员共同允许监督者的工作报酬是拥有超过规定数量的任何剩余，那么监督者针对团队生产以及管理的专业化知识加上剩余索取权将促使他在强烈的动机之下开足马力解决团队中的"搭便车"问题，达到双赢的局面。因此，剩余索取权和控制权对称分布于监督者是保证团队生产能够达到最大产出规模并激励监督者积极履行监督责任的最优决策。

二、资产专用性理论

资产专用性理论遵循的逻辑是财务资本→资产专用性→剩余控制权。根据 Williamson（1975）对资产专用性的定义可以得出，资产专用性是指"在不牺牲生产价值的条件下，资产可用于不同用途和由不同使用者利用的程度"，即当一项资产在该种用途上的价值远远大于在其他用途上的价值时，该项资产在该项用途上就具有专用性。具有专用性的资产一旦投资于某一领域，成为支撑某项交易活动的耐久性投资后，再转做其他用途时价值会发生贬值。而由耐用的专用性资产投资支持的交易，具有"锁住"效应（Williamson，1985），一旦关系性专用投资做出，契约双方将在一定程度上被锁住，拥有较强专用性投资的一方被套牢，极易被另一方的机会主义行为所侵害，因此部分学者认为专用性投资最重要的一方应该获得剩余控制权。

根据Williamson（1975，1985）的研究，资产专用性具有两个相互关联、密不可分的特征：其一，该类资产属于永久性投资或耐久性投资，即一旦投入企业将不可转移或转移后价值降低，换句话说，专用性资产缺乏流动性。一方面，与智力资本相比较，财务资本中货币资本由于种种壁垒进出皆困难，部分变成实物资本后更是从使用开始就面临减值、毁损的风险。相反，智力资本更具有通用性，简单重复的、机械的劳动已经能够满足企业正常的生产活动，操作机器成为占据企业员工相当大比例的一线工人通用的技能，且容易学习、门槛极低。另一方面，财务资本具有不可证实性，意味着合同很难对其使用权限和范围在事前做出完全规定，对财务资本的支配需要时刻符合企业的发展战略和经营目标，因此企业的出资人承担着企业经营活动的最终风险。

其二，缺乏流动性的财务资本相当于被"套牢"在企业中（张维迎，1996）。关系专用性投资一旦做出，契约双方当事人的关系即被锁定，双方从而形成一定的依赖性，且此特性随着专用性程度的提高而增强，在毫无制度阻拦的情况下，专用性较强的一方面临着被契约的另一方的机会主义行为"敲竹杠"的风险，可能受此行为侵害的财务资本所有者因此而缺乏签订契约的积极性。

鉴于此，财务资本更具专用性的特质使其所有者应该拥有剩余控制权和索取权，这种配置使得投资财务资本的风险降低，所承担的风险与实现的收益更加均衡，交易费用最小，极大地促进了财务资本入驻企业的积极性，此种安排是最有效率的配置方式。

三、不完全契约理论

不完全契约理论遵循的逻辑是财务资本→剩余控制权。Grossman和Hart（1986）、Hart和Moore（1990）开创的不完全契约理论（简称GHM理论），强调了合同中的某些项目具有第三方不可证实性（尤其是法院），这些不可避免的障碍使得合同只能是不完全的——所有或然事项及其对策不可能在事前签订合同时就做出巨细无遗的规定，而当合同不完全时，就产生了一系列的问题：合同中没有规定的事项实际发生时，谁应该负责任？怎样负责任？简而言之，谁应当拥有未在初始合同中规定的或然事项出现时有关非人力资本如何使用的排他性决策权。产权的作用在解释此问题的答案时突显出来，他们认为所有权是权力的来源，在合同不完全的背景下签订初始合同之时，相关责任方均无法对权力、责任、权利做出详尽可行的规定，激励机制可能会失效。解决此时的激励问题的方法是分配财产的所有权，没有详细规定的那部分权力（剩余权力）就必须归属非人力资本的所有者，财务资本在合同不完全的情况下，足以超越智力资本占据企业的核心地位。事实上，他们已经将剩余控制权等同于所有权，认为物质资本所有权是权力的基础，并且剩余控制权天然地归非人力资本所有者拥有，导致了在企业中物资资本表现为对人力资本所有者的控制。

上述三条逻辑线路为财务资本掌握控制权提供了理论依据，通过学术界对该问题的论证路径——从财务资本起初通过团队监督者、资产专用性两个桥梁间接掌握控制权发展到不完全契约理论直接将所有权等同于控制权可知，财务资本导向公司治理范式的核心即财务资本掌握控制权的主导地位愈加牢固，其随着公司治理的发展而逐渐变成不需论证的"常理"，使得资本雇佣劳动信念更加深入人心。

第三节　财务资本导向公司治理的发展

公司治理诞生伊始就是以财务资本为导向的，随着社会的发展，财务资本导向的公司治理不断迭代变化，逐渐走向成熟。

一、环境演变与公司治理发展

公司治理问题自20世纪80年代起不断引起学术界的广泛热议，与之相关的理论研究方兴未艾，极大地丰富了现有公司治理范式的内涵，财务资本导向公司治理范式在理论逻辑线路的支撑下逐渐形成。与此同时，实践环节的推动必不可少，这对于范式外延的拓展占据举足轻重的地位，理论与实践相互牵引共同为财务资本导向公司治理范式打下了坚实的基础。

1. 经济环境

1997年亚洲金融危机将公司治理领域的研究推向了一个高潮，危机暴露了东亚国家公司治理的一些薄弱环节，他们在公司治理中存在的一些问题在金融危机后受到越来越多的关注，极大地强化了世界各国对公司治理重要性的认识。众多学者通过研究发现，普遍存在的两大问题使得东亚国家在危机中受损严重：股权高度集中，中小股东的保护程度较弱；普遍使用的金字塔式股权结构导致公司链条上的现金流权和投票权的分离，由此使得代理问题、隧道效应、融资约束、税收等问题不同程度地出现（李维安、邱艾超等，2010）。

亚洲金融危机过后，2008年雷曼兄弟的破产倒闭拉开了全球金融危机的序幕，此次金融危机被认为是继20世纪30年代的经济大萧条之后最严重的金融危机。学者们用不同的视角对爆发危机的原因进行了研究，一致认为公司治理的失效是导致此次危机的根源，而金融机构公司治理的缺陷更是成为此次危机的导火索。经济合作与发展组织（OECD）公司治理指导委员会提出，构建有效的金融监管体系需要完善的公司治理制度来落实，金融危机中各公司表现出的社会信用恶化、内控失效、薪酬制度缺陷等问题再次说明了公司治理的复杂性和严峻性，这也敦促了公司治理机制的进一步改进与完善。委员会的研究报告指出，此次危机暴露出现有公司治理结构存在四个方面的缺陷，即内部控制与风险管理的失效、薪酬制度的错位、董事会的责任与运作不足以及股东权利的缺失，最后各有针对地提出了改进建议（鲁桐，2014）。2010年9月12日，《巴塞尔协议Ⅲ》在雷曼兄弟破产两周年之际出炉，它是2008年全球金融危机的直接催生品，该协议第一次完整地建立了一整套国际通用的、能有效遏制与债务危机有关的国际风险的标准，成为全球银行业监管的标杆。

2. 财务丑闻

财务舞弊现象为人们带来了很大的困扰。20世纪80年代在英国爆发的一系列财务舞弊案掀起了一场全方位的信任危机，马克斯韦尔（Maxwell）、波力派克（Polly Peck）、国际商业信贷银行（BCCI）等的丑闻震惊世界，引发了社会各界对公司治理问题的高度关注，英国因此成立了以卡德伯里勋爵（Adrian Cadbury）为首的委员会展开调查、讨论、分析和研究，作为世界上第一个公司治理委员会，它于1992年公布了具有里程碑意义的《公司治理财务事务报告》，奠定了英国公司治理改革的基础，对推动全球范围内的公司治理改革发挥了重要作用。

而21世纪初在美国发生的安然事件、世界信通会计造假案、施乐等财务丑闻，让巨额欺诈、财务造假等字眼再次占据了各大新闻版面的头条，虚假金额和交易流程等细节的披露令社会公众和投资者触目惊心。一连串的造假案反映出美国公司制度和公司治理方式的缺陷，即过分分散的股权结构导致了股东与管理层之间严重的信息不对称，大股东对公司经营状态的无知、对经营业绩和未来前景隔岸遥望的情况加剧，因此缺乏监督的控制权完完全全地落在了经理层手中，特别是高层经理和执行董事手中。这样的公司制度已经颠覆了传统的代理理论，所有者"缺位"、经营者"越位"的反常现象引起了人们对公司治理制度的深思（葛家澍，2003）。这场巨大动荡的直接影响激发了公司治理结构最新一轮的重大改革，美国总统布什在2002年签署的《萨班斯-奥科斯利法案》（Sarbanes-Oxley Act）成为美国公司治理改革的最重要的成果，其影响波及世界各国。

3. 政策改进

过去二十年，公司治理已经上升为国际组织和各国政府持续关注的政策性问题，公司治理指导原则不断涌现。

以1992年英国发布的《卡德伯利报告》为起点，相继有100多个国家发布了用于指导公司治理实践的治理准则，特别是OECD已经成为全球范围内的公司治理政策的制定者、引领者，其在1999年和2004年发布的《OECD公司治理原则》更是成为世界各国投资者、社会公众、利益相关者认可的具有国际权威的治理准则，成为公司治理领域的奠基石。

2002年的《萨班斯-奥科斯利法案》以及2010年的《巴塞尔协议Ⅲ》等政策已经隆重出台，国际组织和世界各国力求针对金融危机和财务丑闻制定行之有效的改革措施已经进入白热化阶段。除此之外，2008年金融危机后OECD制定了关于公司治理与金融危机的行动计划，之后接连发布了《金融危机的公司治理教训》《公司治理与金融危机——主要发现与结论》以及公司治理指导原则依据各国文化制度的不同而制定的指导实践的建议等三个阶段的研究成果。

与此同时，美国证券交易所在2009年成立了公司治理委员会（CCG），主要负责对过去十年的公司治理改革进行反思并对金融危机中暴露的公司治理问题进行深刻检讨，更进一步地对公司治理原则展开全盘研究，最终发布的公司治理报告列出了十大核心原则，范围涵盖董事会权利、管理层责任、股东投票决策和交易活动等方面，并最终提出以市场为基础的改革办法，旨在制定灵活、务实、可持续的公司治理解决方案（鲁桐，2012）。众多用于指导公司治理实践的原则和规范的出台，为财务资本导向公司治理范式建立了强有力的政策保障体系。

4. 治理评价体系

公司治理机制制定的好坏需要完整的评价体系予以考察总体效果，众多著名机构都建立了公司治理的评价体系，对此方面的研究也已有所收获。公司治理评价系统伴随着公司治理领域的产生而得到快速发展，不同评价体系的建立依赖于上市公司所处的治理环境差异。

1998年标准普尔（S&P）创立的公司治理服务系统、1999年欧洲戴米诺推出的公司治理评价系统、2000年亚洲里昂证券设计的公司治理评价系统等已经大大丰富了公司治理评价体系的内容。我国南开大学公司治理研究中心在充分借鉴国际经验后，结合中国上市公司独有的各方面环境和公司本身的特点构建了具有中国特色的"中国公司治理指数（CCGI^{NK}）"，系统地评价和分析了我国上市公司治理的现状。此外，机构股东服务公司（ISS）还建立了全球性的上市公司治理状况数据库，为其会员提供服务。

上述指数和排名为评价全球背景下的公司治理状况提供了统一标准，为投资者提供了关于公司治理风险因素的信息，对于企业融资、投资决策、公司战略等领域具有大有可观的参考意义，由此评价出的公司治理状况逐渐得到了市场的认可，尤其是机构投资者的青睐。据此，公司治理评价体系与公司治理指导原则日臻完善，一起推动财务资本导向公司治理范式朝着更加成熟的方向发展。

二、公司治理成为常规科学

库恩（1962）指出，常规科学在于扩展范式所展示出来的特别有启发性的事实，范式通过科学教育进行传播，将相关理论和实践范例以教材的形式授之社会，知识接受者会根据特定所需理解各异，并将其应用于不同领域。依据这些特征对现有范式做出判断，财务资本导向公司治理范式于20世纪末期开始进入常规科学阶段。

20世纪80年代以来，众多的治理实践告诉人们，公司治理作为影响公司健康、稳定、持续发展的不可或缺的因素之一，应当给予充分的关注，于是它开始频繁地出现在各大顶尖的学术期刊上，经济学、管理学等研究领域不限。国外的一项学科调查显示（Marisetty，2011），从简单的谷歌搜索统计到更严谨的谷歌学术搜索统计再到提交至社会科学研究网络的有关公司治理的工作论文数量统计，这三项指标的综合统计结果表明公司治理已经发展为与经济学、人力资源管理等一样成熟且独立的学科了，标志着财务资本导向公司治理范式正式成为常规科学。

1. 公司治理内涵拓展

公司治理学科的发展历经多个阶段，已具备内容系统化、学科多元化、应用国际化三个特征，其内涵和外延呈现出动态式的拓展。

首先，公司治理理论的研究领域不断拓宽，已经从经营者激励、股权结构、治理模式比较等对单一问题的研究转向为对公司治理领域的系统性研究，比如从研究法人治理结构转变为设计公司治理机制、从传统公司治理结构转变为网络公司治理、从定性研究到定性与定量相结合的研究方式等，都体现出这门学科的发展正在不断与时俱进、蒸蒸日上，理论体系已经趋于成熟（叶陈刚、程秀生，2006）。除此之外，会计信息质量（刘立国、杜莹，2003）、政治关联（Faccio，2006）、公共媒体（Dyck等，2008；吴超鹏、叶小杰等，2012）、性别差异（Adams、Ferreira，2009）与公司治理的关系等一系列的研究令范式的范围不断延伸。

公司治理开始从重点关注治理本身转化为考察基于多学科、多方面的因素对公司治理内容进行拓展，随着公司治理实践的发展以及时间的推移，逐渐将可借鉴的其他学科领域的研究成果纳入其中，现在已经将经济、法律、管理、社会等诸多学科内容进行交叉融合，开启了跨学科的多元化发展。

20世纪90年代以来，公司治理已经成为全球热点问题，众多的学者开始从简单地介绍各国公司治理模式转变为深入地对各国形态各异的公司治理模式的形成原因、作用机理、指导实践等多方面进行对比分析。随着经济全球化浪潮的推进，公司治理国际化的趋势不可逆，世界各国要想在激烈、复杂、快速的竞争环境下形成独特的、不可复制的竞争优势，势必要在公司治理领域下足功夫，尤其是跨国公司已经成为对外贸易的中坚力量，为了进军国际市场，他们必须在保留具有本国特色的公司治理模式的前提下，充分了解、熟悉并且适应他国的治理模式、治理环境等，这些都为公司治理的国际化合作构建了一个具有共同"语言"的平台。

2. 高等教育普及

为了适应公司治理实践发展的需要，一大批能够将公司治理理论与实践结合运用的公司治理人才成为世界各国重点培养的对象，将公司治理作为一门独立的学科进入高校迫在眉睫。

20世纪90年代以来，公司治理课程陆续被引入各高校的工商管理教育中，为此国外已经对本科生、硕士研究生、MBA、EMBA等不同层面的学生开设公司治理课程，并且逐渐开始招收此方向的博士研究生。而我国南开大学商学院于1996年率先在全国范围内开始招收公司治理方向的硕士研究生，随后陆续开展了博士研究生的招收工作，同时将公司治理学科纳入课程体系，于2004年成为全国第一个建立公司治理专业博士点和硕士点的学校。填补"公司治理学"的空白需要建立一整套完善的课程学习体系，而课程教学与专业教材息息相关，适用于教学实践的教材必须结合公司治理实践并吸收该领域最新的研究成果，大量的公司治理教材涌现，例如罗伯特·蒙克斯等所著的《公司治理》被美国前十大商学院所使用，马克·格尔根的《公司治理》也享有美誉，国内由李维安教授联合10余所高校和研究机构的专家共同编制的教材《公司治理学》成为高校相关专业学生的主要学习教材，这些著作的广为传播极大地缩短了培养公司治理人才的进程，也为公司治理理论的发展提供了推动力。

第四节　财务资本导向公司治理面临的挑战与危机

　　范式的历史阶段性特征说明了社会科学范式的发展必定会随着环境的变化发生修补，而范式转换的必然性特征说明了旧范式向新范式的转换是科学发展的必经之路。随着社会的飞跃式发展，公司治理实践中逐渐出现了一些财务资本导向公司治理范式无法解释的"异常现象"，当此类反常呈现出零散、无序、无规律性的特征时，对现有范式进行修补是常用的解决反常的途径，逐渐地，现有范式随着发散式的修补而发生变形并且日益模糊不清，反常成为利用常规科学进行解谜的重大障碍，最终演变为对现存知识体系的核心内容构成强劲挑战的危机。

一、对资本雇佣劳动信念的质疑

　　1.财务资本的稀缺性降低

　　稀缺性是衡量不同要素所有者在企业中所处地位及谈判能力的变量之一（杨瑞龙、杨其静，2000），其表现为在市场交易中的可获得性。作为技术的进步和社会制度的不断变化等多种因素综合作用的结果，财务资本与智力资本的相对稀缺性在新的节点上发生了逆转。

　　首先，随着工业社会向知识型社会、工业经济向数字经济的转变，简单劳动力和一般管理人员已经无法满足新型社会制度和经济制度的需要，劳动力中的核心人力资源已经由大规模生产下的简单的机械操作能力演变为丰田精益生产方式下的掌握、熟悉机械工作原理、操作技巧的能力，最后转变为对市场熟练的掌控能力和直接参与产品设计与生产的创造能力和执行能力（黄群慧、贺俊，2013），智力资本可获得性降低，其地位不断攀升，并逐渐成为企业的核心竞争力和战略性资产。

　　其次，金融制度的不断改革和完善使得在资本市场上获取财务资本的门槛降低、途径增多，原先工业经济中众多大型企业赖以生存的财务资本聚集和纵向一体化已经变得唾手可得，不仅创立企业的资本要求在降低，而且资本筹集的方式花样翻新，财务资本的可获得性升高，转变为普通生产资料的同时，相互之间还面临着竞争。

最后，在资本市场上出现了财务资本追逐优秀企业家的局面，在知识型企业中，最看重的资源已经从股东出资并由股票数量界定的资本变成能使这些资本增值的能力，例如核心技术、管理经验、领导能力等（Rajan、Zingales，2003），而拥有这些能力的正是拥有企业家才能的新时代经理们，他们的权力和利益在现代公司中所占的份额是前辈们不可企及的（邓承师，2004）。因此，在知识型社会中，智力资本相比财务资本而言，成为更具稀缺性的资产。

2. 财务资本的专用性程度降低

从资产专用性角度来讲，财务资本的专用性已经得到了弱化。以往学者认为，投入企业的实物资产流动性极低，造成了其一旦被投入某一企业的生产经营中就面临着被"套牢"的风险。然而，随着财务资本社会表现形式的多样化以及证券化特征，财务资本的流通程度显著提高，进出企业的壁垒逐渐被打破，财务资本的所有者能够在资本市场上通过不同的投资组合来分散市场风险。与之相反，智力资本的专用性已经被强化，智力资本的所有者将自己投入某一特定的企业中，通过公司的特殊教育、针对性培训以及组织学习等过程形成了专用性智力资本，包括建立的社会关系、获得的专业技能等内容都变成其进出企业的障碍，在拥有复杂的组织结构、独特的企业文化、不同的业务类型等众多"标签"的现代企业中，这些专用化的智力资本很难在不牺牲生产价值的情况下被移植入另一家企业中，因此智力资本面临着被"锁住"的风险。

3. 财务资本的风险承担能力降低

工业经济时代，资本市场面临着资本流通程度低、进出壁垒高、存量较小等众多限制因素，因而市场的不确定性风险由财务资本一力承担。然而，随着资金融通方式的日益丰富、财务资本种类的多样化，资本市场的发展不断顺应时代趋势，为众多的融资者提供了前所未有的便捷服务和平台。

其一，由于资本市场为股东提供了效率较高的股权转让机制，财务资本的投入不再被限制在特定企业中，尤其当企业出现经营危机时，多数股东会选择立即转让股权，在公司存续期内表现出更多的"暂时化"特征（王明夫，2003），立足公司长远发展的视角已经不再是他们投资的主要目标。

其二，财务资本的证券化趋势使得股东的投资方式由直接投资转变为间接投资，使财务资本的所有者以完全的出资者所有制、出资者主要控制的所有制、出资者部分控制的所有制、出资者"用脚投票"的所有制的演变路径最终从直接经营者的地位完全退出，相应的投资目的从获取企业剩余价值转变为利用价格机制赚取股票价差（方竹兰，1997）。

其三，财务资本的表现形式已经增加至实物型、货币型、信用型三种，尤其是信用型财务资本的所有者既可以在投资前评估风险，又可以在投资中随时退出，由于财务资本运作市场体系的完备，使三种类型的财务资本之间能够以很低的交易成本进行转化，这些因素的综合大大降低了财务资本作为实物型资本时的抵押品特质的风险（方竹兰，1997）。资本市场的完善、财务资本社会表现形式的证券化和多样化趋势共同降低了财务资本的风险承担能力。

相反，智力资本的专用性程度提升、稀缺性提高等要素禀赋特征的出现，形成了一道阻碍智力资本所有者自由进出企业的屏障，由于智力资本的所有者与其智力资本的不可分特性，造成其退出一家适合自己专长的企业而进入一家不适合自己专长的企业存在着极高的风险，形成"人质"特征，其风险承担能力大大提高。

4.财务资本的价值贡献率降低

从大量的实证研究中得出，智力资本是"超额利润"的源泉。Nuryaman（2015）认为在全球竞争的时代，虚拟资本将成为企业的竞争优势，通过对在印尼证券交易所上市的93家制造业公司进行研究得出，智力资本对企业价值具有正向影响。蒋琰和茅宁（2008）通过对江浙地区为主的企业进行调研得出结论，认为由智力资本带来的企业的可持续增长能力是企业价值创造的主要源动力。刘玉平和赵兴莉（2013）通过使用4个维度共计15个指标对医药制造企业进行实证研究，进一步论证了智力资本作为企业的战略性资产能够维持企业的核心竞争力并创造较高的企业价值的命题。

二、股东利益最大化目标的动摇

以财务资本导向公司治理范式遵循股东利益最大化的经营目标，强调由代理问题引发的代理人机会主义行为对委托人进行严重侵害的矛盾，而股东作为企业的"所有者"，向企业投资的目的在于获取超额回报。Shleifer和Vishny（1997）主张的"股东单边治理"模式即提出公司治理就是要解决如何确保公司资本提供者能够收回投资并且获取回报，简言之，股东利益应当位于公司经营的第一位。

在公司治理的财务目标选择上，历来存在部分学者将公司价值最大化和股东利益最大化两者不加区分地混用，理所当然地根据"有效的市场模式"原则（布莱尔，1995）确定了股票在决定公司价值方面的主导地位，即当一家上市公司的公众股票价格能够完全由金融市场决定且包含该公司所有的相关性信息时，股票价格就是衡量该公司价值的最佳估价指标，隐藏着有利于股票价格抬升的一切事项和交易都应该被公司所接受这一决策依据。

1. 敌意收购浪潮

在奉行股东价值最大化为经营目标的公司治理实践过程中，第一次引起学术界广泛讨论的重大反常现象是20世纪80年代兴起于美国的敌意收购浪潮。

20世纪80年代初，由并购形成的大型公司如雨后春笋般迅速增加，用于扩大公司规模的正常收购手段在此时却为学者们津津乐道，敌意收购浪潮的占比如此之大，以至于迫使大多数美国各州政府修改了《公司法》。逐渐地，在并购市场上出现了一种"标新立异"的收购手段，即目标公司不喜欢的收购方绕过经营者层面直接向公司股东抛出高价橄榄枝，以达到收购公司的最终目的，并在收购成功后改变公司的经营战略和方针，用大量裁员的恶劣行为弥补先前支付给股东的股票溢价部分。

敌意收购之所以屡战不败的主要原因在于按照理论指导的传统《公司法》规定，公司经营者应该维护股东利益、服从股东意志，强调股东利益代表公司利益、股东意志代表公司意志。因此，目标公司的董事会与股东对收购获利的看法往往意见相左，敌意收购的取胜在很大程度上意味着现有管理层的更迭，相反股东却能坐收渔利，据相关统计，收购方给出的收购对价一般是公司现有股票价格的0.5倍到1倍之间，唾手可得的巨额利差使得许多目标公司的股东在这场浪潮中大发横财。在面对敌意收购时，股东们当然会趁热打铁地转让股票，而公司作为一个独立实体在"长期运营"中将取得出色业绩的可能性似乎与股东不相关了（布莱尔，1995）。

然而，这场浪潮中首当其冲的受害者却是目标公司的员工，按照传统《公司法》的约束，在股东利益最大化这一"金科玉律"指导下的敌意收购态势已经无力回天，接踵而至的是大量的裁员和降薪，按照哈佛大学两位经济学教授Shleifer和Summers（1988）对美国环球航空公司

（TWA）被敌意收购的个案进行研究的结果显示，原有股东的收购获利是以压低职工工资为代价的，压低比例为1.5倍，这表明敌意收购并不存在财富的创造而只是单纯的财富转移。除此之外，收购完成后短时间内公司破产、倒闭的现象已经不足为奇，进一步地令债权人、公司所在地居民、政府等利益相关者牵涉其中，造成巨大的负面影响，公司规模极大的上市公司甚至会产生多米诺骨牌式的消极效应。这一事件的产生和发展让股东利益最大化目标饱受诘难，股东从敌意收购中获利被戏谑为除了死亡和税收以外第三件确定无疑的事情。

2. 利益相关者共同治理模式

在股东利益最大化目标运用的过程中出现了与其背道而驰的公司治理实践问题，常规科学的解谜职责显得苍白无力。Holmstrom（1982）的"不可能性定理"给了股东利益最大化应该占据经营目标的绝对主导地位这一主张一记重击。Holmstrom证明了在"预算平衡"的团队中，"纳什均衡"和"帕累托最优"无法同时实现，运用于公司治理领域的重新陈述为：在预算平衡的团队中，股东价值最大化的个人理性并不会直接导致公司价值最大化的集体理性。

在公司治理实践中，敌意收购这一短期投机行为对比公司长远发展方向可谓是南辕北辙。从20世纪80年代末开始，美国各州纷纷采取行动遏制不正当的收购手段，目前已有29个（超半数）州修改了《公司法》，将经理为股东服务扩展至为利益相关者服务。尽管各州修改的内容和提倡利益相关者参与的程度各有不同，但这次《公司法》进行的历史性变革突破了传统的绝对私有制具有优先性的逻辑并否定了股东至上的单边治理模式（崔之元，1996），尤其是宾夕法尼亚州对其《公司法》修改力度之大、对其他利益相关者保护程度之深前所未有，变革后的新一轮《公司法》使全美企业界沸反盈天，人们对此做法褒贬不一，但其仍然显示出强大的生命力，以披荆斩棘的态势在美国蔓延开来。

在实践的影响下，理论界开始将新《公司法》作为基础展开研究，以布莱尔（1995）的《所有权与控制：面向21世纪的公司治理探索》为代表，提出了利益相关者多边治理模式。布莱尔（1995）认为股东利益最大化目标的前提假设即股东承担企业的剩余风险的概念已经模糊不清，因为股东承担的剩余风险已经部分转移给债权人和其他人，并且风险能够通过投资多样化最大限度地被化解，而股东承担有限责任的界定与股东应该获得全部剩余收益的结论不对等。与此相反，高度专用化的人力资本投资已经成为企业财富创造的重要途径之一，人力资本所有者转投于某一公司的专用化技能带来的收益在事前的合同中并没有做出完全规定，而离开此公司后专用化技能的机会成本价值更是难以估量，除此之外，任期时长、辞职成本、技能专用化程度三因素之间关系复杂且联系紧密。因此人力资本所有者必然承担着企业部分的剩余风险，公司应该为所有的利益相关者服务，而治理机制和契约安排也应该被设计用来保护、激励贡献了专用化投入的企业参与者。

鉴于此，学者们将这两个经营目标彻底区别开来，各自为基础形成了完全对立的两个阵营。张维迎（1996）维护财务资本的主导地位，认为"恒产者恒心"，而方竹兰（1997）、邓承师（2004）和李新春（2006）主张人力资本所有者是企业财富的创造者，因此以公司价值最大化为目标来激发智力资本的创新精神更为重要。库恩（1962）指出，在两种范式的转换时期常常伴随着学者们的否定之否定的发展轨迹，迷茫、困惑、紧张的氛围将使学者们产生迷失方向的混乱感，甚至对旧范式解谜范围愈渐局限的崩溃心态能够进一步激发学者们探索、追求新范式的使命感。

三、同股同权原则的松弛

同股同权原则是财务资本导向公司治理范式下公认的资本市场运行的规则和准则。投票权的出现与不完全契约理论有着密不可分的关系，契约不完全时的剩余权力必然要在不同主体之间进行分配，而股东拥有剩余控制权即投票权作为该范式下众多理论支撑的重要结论已经进入《公司法》并不断趋于成熟。然而，这一条款却在敌意收购时变成了"助纣为虐"的工具，股东利用这一条款以获取绝对优先权的谈判地位，肆意地与收购方进行股份转让。

敌意收购带来的负面影响主要有：①股东从敌意收购中获利是确定无疑的事情，但因此损害了其他利益相关者的利益，主要有债权人、管理层、员工等直接利益相关者，当地居民、政府、其他企业等间接利益相关者；②公司被敌意收购后新股东往往会进行"大换血"，至少经营风格会大有迥异，这将会破坏一个企业已经建立的成熟、稳定的供销网络、企业文化、业务流程、社会关系等，产生了社会资源的浪费和生产效率低下等问题；③敌意收购往往使原先管理层的地位变得岌岌可危，为了消除被收购的威胁，管理层会做出短视行为加以短暂应对，这严重阻碍了公司长远、健康的发展，社会大众对此行为怨声载道。

为抵御敌意收购，一方面，美国各州纷纷出台相关措施打击该行为，在不知不觉中同股同权原则开始松弛，尤其是宾夕法尼亚州率先修改了

《公司法》中有关投票权的规定，"仕何股东，不论拥有多少股票，最多只能享有20%的投票权"，突破了传统《公司法》中同股同权原则的限制（崔之元，1996），成为应对"杠杆收购"的一把利刃而震惊世界。另一方面，公司管理层采取主动出击的方式修改公司章程，打破了在敌意收购来临时坐以待毙的僵局，例如"黄金降落伞""分期分级董事会""毒丸""MBO"等措施，其中双层股权结构是通过资本重组技术实现的双重类别的股票制度，对后续发行的A类、B类股票的投票权以及现金流权做出了不同的规定，使得该方法成为利用新资本应对敌意收购的有效手段之一而被管理层广泛使用（Jason，2014）。这些改革说明了有必要对"为所欲为"的财务资本进行约束和防御，为了防止股东利用自身投票权协助收购，美国各州在敌意收购浪潮中将反收购决定权交给了管理层而非股东，凡此种种均使得在财务资本导向公司治理范式下的同股同权原则变得松弛，短期投机性暴露无遗的财务资本日渐受到智力资本和法律的束缚。

同股同权原则是财务资本导向公司治理范式下有效维护资本市场正常秩序的重要规范，同时也是控制权运作的基础，该原则赋予了控制权随财务资本转移而转移的特征，在投资多样化、资本证券化、股权分散化的复杂环境下，股权稀释与控制权稀释是相伴而生且不可逆转的。但"反传统范式"接管防御措施的盛行实际上折射出了公司对控制权稳定性的需求，公司控制权的稳定性被财务资本破坏的实例屡见不鲜。1983年苹果公司董事会在CEO斯考利和乔布斯的激烈交锋中选择支持前者，创始人乔布斯被踢出管理层；黑莓公司创始人迈克·拉扎里迪斯被自己亲手创立的公司抛在一边；吴长江在历经三轮较量后最终依然出局；互联网公司中，汽车之家的创始人秦致被董事会解雇。现实中的实例远远不止这些，充分说明了财务资本在倚仗同股同权原则后引发了一系列控制权变更、转移等危机，并进一步对公司的经营管理造成重创，在现有范式下依照常规科学的解谜方法已经无法解决这些反常，一些具有远见卓识的企业家"倒行逆施"想要开辟一条新的道路，一个打破同股同权原则并能够维持控制权稳定性的新范式即将出现。

第四章　智力资本主导地位的确立

传统公司治理面临的挑战，表明智力资本与财务资本在公司治理中的相对地位正在经历从量变到质变的过程，标志着以智力资本取得主导地位为特征的新的公司治理范式正在形成。随着时代的发展，财务资本导向公司治理范式的共同信念——资本雇佣劳动信念动摇，股东利益最大化目标受到挑战，同股同权原则出现松弛。与此同时，以创业企业家为代表的智力资本逐渐崛起并在公司治理中获得主导地位。

第一节　智力资本的内涵及特征

一、智力资本的内涵

关于智力资本的研究，美国学者 Stewart 和 Brainpower（1991）首次对智力资本进行了阐述，认为其是美国最有价值的资产。Edvinsson 和 Malone（1997）的研究将智力资本分为人力资本（员工的知识、经验、教育水平和年龄等）、关系资本（与客户、供应商、债权人、政府等的关系等）和结构资本（企业文化、信息系统、软件支持和组织流程等）。Roos 等（1998）在研究中则把一切由企业拥有或控制的能够帮助企业创造价值的无形资源归结为智力资本。Nahapiet 和 Ghoshal（1998）认为智力资本是有助于企业获得竞争优势的知识之和，团队层面的智力资本包括人力资本与社会资本（关系、信任、规范等）。学术界对智力资本的分类众说纷纭，但是对智力资本的内涵却有共识：有助于企业价值创造和竞争优势提升的非货币和非有形资源。

目前对智力资本的研究集中于智力资本分类、智力资本与价值创造的关系两大领域。关于智力资本的分类（如表4-1），Roos 等（1998）按照是否具备主观能动性将智力资本划分为人力资本和结构资本，其中结构资本又包括关系资本、组织资本和面向未来的更新开发资本。关系资本指组织与供应商、顾客、所在网络成员等利益相关者的关系，组织资本指组织所拥有的创新系统、组织流程等，更新开发资本指有助于企业未来价值创造的研发、流程重组等投入。Edvinsson 和 Malone（1997）将智力资本划分为人力资本、关系资本和结构资本。结构资本包括企业文化、创新生态系统、知识数据库等稳定存在于组织内的资本。Bassi 和 Buren（1999）借鉴平衡计分卡的思想，将智力资本划分为人力资本、结构资本、创新资本、流程资本和顾客资本。其中 Edvinsson 和 Malone（1997）的三因素分类占据主流（朱瑜等，2007）。

表4-1　智力资本分类表

学者	智力资本分类
Roos 等（1998）	人力资本和结构资本 （关系资本、组织资本和更新开发资本）
Edvinsson 和 Malone（1997）	人力资本、关系资本和结构资本
Bassi 和 Buren（1999）	人力资本、结构资本、创新资本、流程资本和顾客资本

关于智力资本与价值创造的研究，Pulic（1998）最先开启了智力资本量化研究的先河，以智力资本增值系数（Value Added Intellectual Coefficient，VAIC）衡量智力资本的价值创造能力。Chen（2005）实证研究发现，智力资本可以提高公司价值和获利能力。Díaz-Fernandez 等（2015）研究发现，高层管理团队的智力资本（知识、技能和能力）对公司战略的恰当制定与成功实施至关重要，从而对公司业绩产生积极影响。Nuryaman（2015）研究发现，智力资本可以提升公司盈利能力，从而提升公司价值。国内研究中，蒋琰和茅宁（2008）实证研究指出，智力资本对企业长期绩效和可持续竞争优势有重要意义。卢欣和黄顺（2009）指出，在知识经济时代，智力资本成为企业价值创造和可持续发展的关键性、稀缺性资源。李冬伟和李建良（2012）发现，智力资本不仅影响企业的价值创造，还影响外部对企业价值的判断和评估。刘玉平和赵兴莉（2013）指出，智力资本对企业价值创造的驱动力高于物质资本，但是这一点还未被市场充分认识。肖建华和赵莹（2018）研究发现，创业企业家的战略领导力、创新精神等智力资本是影响创业企业竞争力最关键的要素。智力资本在价值创造、企业成长和长期竞争优势中的重要性得到了学术界的普遍认可。

二、公司治理中的智力资本内涵

1.公司治理中智力资本的概念界定

公司治理范式中的智力资本与传统意义上的泛智力资本有所不同。

已有对智力资本的研究集中于公司价值创造领域，当研究视角转移到公司治理领域时，公司治理本身的特征（博弈性和顶层设计性）要求对智力资本的内涵进行重新审视，而不能照搬原有的概念。

一方面，公司治理的博弈性。公司治理实质是股东、管理层等治理主体之间的博弈和制衡，因此必须从具备主观能动性的"人"的角度而不是从诸如技术、产品等"物"的角度去认识智力资本。如果把负责提供资金的股东抽象为财务资本，那么公司治理中智力资本则是发挥企业家才能的创始人或管理团队的抽象。另一方面，公司治理的顶层设计性。公司治理问题属于公司运行的顶层设计问题，因此公司治理中的智力资本不应包括所有员工。以往研究如 Nuryaman（2015）、卢欣和黄顺（2009）等从公司整体的视角去看待智力资本，并以全体员工的教育、知识和经验等因素衡量智力资本的人力资本方面，但是公司治理问题的顶层性需要将智力资本研究对象从全体员工聚焦到高层管理团队。正如谢卫红等（2013）、Díaz-Fernandez 等（2015）在研究公司战略制定和实施等与公司治理相关的顶层设计类问题时，把视野从传统意义上的泛智力资本聚焦到了高层管理团队上来。本文的研究亦聚焦于包括创业企业家在内的高层管理团队，因其具备更高的资产专用性、风险承担能力、价值贡献率和战略管理能力而成为公司治理的主导力量，且成为能够与主要股东相互博弈的主体。

公司治理研究中，智力资本的人力资本着重关注企业家团队的知识、经验、才能等因素，关系资本的获得、配置和调用依赖企业家的主观能动性，同时关系资本由于一定程度上附着于特定企业家而具备较高的流动性。结构资本中企业文化、流程等因素在企业家的引导下形成，因而本研究中的智力资本抽象为拥有知识资源、关系资源、权威等要素的企业家或团队。

公司治理问题诞生伊始便始终围绕股东与管理层的相互博弈，即财务资本与智力资本的博弈。工业经济时代，智力资本主要表现为"职业经理人"，公司治理问题的焦点——两权分离围绕股东与职业经理人的博弈，如何减少职业经理人代理成本是公司治理的主要问题。数字经济时代，一批创业企业家抓住时代机遇，在日益发达的资本市场的支持下成功创业并引导企业发展壮大，创业企业家作为智力资本与股东展开博弈，创始人控制权（高闯、郭斌，2012；胡波、王骛然，2016；徐炜、王超，2016）、创始人权威（徐细雄、刘星，2012）、公司治理与企业家精神等问题成为公司治理研究的热门领域。

2. 早期公司治理中的智力资本——职业经理人

职业经理人的概念最早出现于19世纪的西方。管理专业化的要求以及股权分散的背景提升了对职业经理人的需求，从而引发了所有权和经营权两权分离的现象。关于职业经理人的定义，Chandler（1987）认为把管理作为其终身职业且已成为负责经营大型单位企业的人是职业经理人。高闯和郭斌（2012）指出，职业经理人在法律上就是企业代理人。按照公司章程约定，经理人拥有企业所有者委托的控制企业经营管理的权力。在很大程度上，他们掌握并行使着企业资源配置的职能，并且对企业所有者负有责任。工业经济时代，市场竞争强度不高，标准化、机械化的生产方式占据主流，职业经理人的主要职能是对生产活动进行监督和控制，因而在价值创造过程中发挥的作用有限。毋庸置疑，工业经济时代拥有较高稀缺性、资产专用性、风险承担能力的财务资本在公司治理中占据主导地位，职业经理人被视为可能发生道德风险和机会主义行为的"内部人"。工业经济时代以职业经理人为代表的智力资本的稀缺性、资产专用性、价值创造能力较低，受财务资本的监督和约束。随着生产规模的扩大和管理活动的复杂化，职业经理人的重要性有所提升。Drucker（1966）认为职业经理人是企业中最昂贵的资源，而且也是折旧最快、最需要经常补充的一种资源。

3. 数字经济时代公司治理中的智力资本——创业企业家

近些年来，高速发展的互联网时代的到来催生了大量创业企业，Google、Facebook、阿里巴巴、百度、腾讯、京东、华为作为典型代表，扎克伯格、马云、李彦宏、马化腾、刘强东、任正非等优秀的创业企业家也备受瞩目。显然，这些创业企业家不同于传统意义上的受所有者委托、"代行"经营管理权并受制于所有者的职业经理人。关于创业企业家的定义，Brockhaus（1981）认为创业企业家是一位有愿景、会利用机会、有强烈企图心的人，愿意承担起一项新事业，组织经营团队，筹措所需资金，并承担全部或大部分风险的人。贺小刚和沈瑜（2008）指出，创业企业家的抱负水平包括机会的寻找、承诺的执着以及对机会的不懈追求。创业企业家的顽强毅力、高瞻远瞩和抱负理想在企业成长过程中起到了强大且不可替代的作用。若是马云创业时面对其他人的强烈反对而失去对互联网这一创业机会的执着坚持，那么我们则很难看到阿里巴巴所带来的消费方式和支付方式的革命性改变，若是任正非没有将战略聚焦在ICT领域，那么华为也很难成为现在全球利润最高的Android智能机的生产厂商。与职业经理人受股东委托进行经营管理不同，创业企业家为贯彻自身理想信念而主动进行经营管理。

随着科技创新步伐的加快，市场竞争程度不断提高，处理外部不确定性的智力资本日益稀缺。与此同时多层次资本市场的发展丰富了资金融通方式，财务资本日益充裕，资本市场上呈现财务资本追逐优秀创业企业家的局面。借助资产市场的支持和数字经济时代的东风，一批创业企业家成功创业并引导企业迅速成长。一个卓越的创意可以轻松获得融资，智力资本稀缺性大大提升，同时智力资本在创办企业、描绘愿景、创建企业文化和价值观体系方面发挥着不可或缺的主导作用。

创业企业家将终身的理想抱负投入所创立的企业中，并希望可以一直贯彻自身的经营理念，然而创始人被财务资本驱逐的实例屡见不鲜，如新浪创始人王志东"离职"，雷士照明创始人吴长江在与财务资本博弈的过程中"出局"，俏江南创始人张兰被董事会驱逐，大娘水饺创始人在欧洲私募股权进入企业后被迫离开，等等。诸如此类的前车之鉴启发创始人思考在股权稀释的过程中如何保持自身的控制权。双层股权结构被越来越多包括百度、京东、小米、美团等在内的公司所采用，阿里巴巴合伙人制度也是创始人团队掌握控制权的典范。公司治理的重点从"防止内部人控制"到"防止内部人失控"。数字经济时代，股东与管理者的委托代理问题弱化，智力资本控制权稳定性的诉求日益高涨。

已有一些学者认识到了"创始人控制权"的存在对传统公司治理形成冲击（王春艳等，2016；郑志刚等，2016），控制权由财务资本按股份比例分享的现象转变为由成功的创始人掌控，这是对财务资本导向公司治理范式的颠覆，实际上也是智力资本导向公司治理范式的雏形。"创始人控制权"依附于具体的个人或创业团队，其生命状态、管理能力具备变动性，是公司治理中智力资本的类型之一。新范式下公司控制权应由保持"企业家状态"的企业家所掌控，既可能是企业创始人，又可能是创始人之后的职业企业家。因此公司治理中的智力资本不能固化为特定的对象，而是保持"企业家状态"的不特定群体。

三、公司治理中智力资本的特征

公司治理范式研究中，智力资本的侧重点与以往研究有所不同，本书中所强调的智力资本，尤其是数字经济时代的智力资本具有以下特征。

首先，侧重创业企业家或团队的智力资本。由于公司治理主要涉及高管、董事会、股东等利益相关者，所以本书中的智力资本研究对象不像卢欣和黄顺（2009）、刘玉平和赵兴莉（2013）研究中那样涵盖公司全体成员，而是关注创业企业家及高管团队。如在对阿里巴巴公司治理问题进行研究时，智力资本主要指以马云为首的阿里巴巴合伙人团队。

其次，智力资本呈现较强的人身依附性。创业企业家在企业创业和成长的过程中发挥了关键作用，智力资本中涵盖的创业才能、知识资源、关系资源、声誉等因素紧密地依附于企业家本人。智力资本的人身依附性对控制权监督、转让、传承等问题提出了挑战。双层股权结构强化了智力资本的人身依附性，而阿里巴巴合伙人制度弱化了智力资本的人身依附性，强化了智力资本的团队依附性。

再次，智力资本是公司关键资源和核心能力的中枢。作为关键资源，智力资本具备稀缺性、价值创造性、难以模仿性和难以替代性。同时，智力资本是培育、更新、发挥核心能力的指挥者和领导者，是公司构建和保持竞争优势的中坚力量。数字经济时代，智力资本的这一特征更加显著。

最后，智力资本具有强烈的自我实现需求，可以自我驱动、自我监督和自我激励。工业经济时代，管理层的主要职能是在股东的委托下监督和控制日常的生产与经营，管理难度相对不高。数字经济与互联网经济的发展使世界日益扁平化，人们的自我实现需求日益旺盛，激发企业家主动创造精神和自我实现需求是企业获取竞争优势的关键。企业家的才能和素质大大提升，在强烈的理想和抱负的驱动下描绘愿景、创造文化、抓住风口。科技创新和竞争程度的提高加剧了市场的不确定性，企业家智力资本在强大的自我驱动力下充分发挥主观能动性和创造性，以灵活应对外部的不确定性，这成为影响企业竞争优势强弱的关键。

第二节　两种资本地位的变化

在公司治理实践中，阿里巴巴合伙人制度和越来越多的企业选择的表决权差异安排表明，以创业企业家为代表的智力资本凭借自身丰富的资源基础和强大的谈判能力掌握了企业控制权。资本雇佣劳动的信念逐渐被抛弃，财务资本和智力资本的地位正在发生转换。

一、生产要素角度的分析

1.稀缺性

工业经济时代，财务资本稀缺性较高。一方面，由于财务资本在生产经营和并购等活动中扮演重要角色，所以拥有财务资本的股东拥有绝对的话语权。当时机械化生产占据主流，市场供小于求且竞争强度不高，主要承担监督和控制职能的职业经理人稀缺程度较低，当职业经理人难以实现股东目标时很容易被替换。随着时代的发展和生产力的提高，资本市场呈现多层次化的发展，资金融通方式也日益丰富，财务资本转变为普通的生产资料。另一方面，随着科技的发展，市场竞争程度和不确定性日益提高，企业发展和管理决策日益依赖企业家才能、创意等因素。一个好的创意可以轻松获得融资，资本市场呈现出财务资本追逐优秀企业家的局面。数字经济时代，智力资本稀缺性不断攀升，在公司治理和管理决策中博弈能力随之不断增强。

2. 资产专用性

工业经济时代，财务资本投入企业大多转变为机器、设备、厂房等固定资产，一旦转作他用，其价值会大打折扣，因而具备较高的资产专用性，而主要负责控制和监督的企业管理者专用性相对不高。随着资本市场的发展，财务资本投入企业逐渐转变为股票，且可以随时买进卖出，财务资本资产专用性大大下降。就智力资本而言，企业家尤其是创业企业家对企业倾注了毕生心血，为企业描绘愿景，创造独特的企业文化和价值观，这些难以替代的"软因素"在企业发展过程中发挥着日益重要的作用。此外，企业家在企业中积累的知识资源、关系资源和社会资源等具有较强的企业根植性，因而具有较高的资产专用性。财务资本和智力资本的资产专用性相对高低的转换一方面可归因于科技的进步，另一方面可归因于市场竞争程度的提高。易阳等（2016）指出，企业家专用性资产投入会影响控制权配置，增强智力资本的谈判能力。

3. 价值创造能力

丹尼尔·A.雷恩在其所著的《管理思想史》中指出工业革命之前，土地和劳动力被视为主要的生产要素。随着工业革命轰轰烈烈地展开，资本作为生产要素的角色得到普遍承认。工业经济时代，土地、劳动力、机器设备等主要通过财务资本购买而得，所以财务资本在企业价值创造过程中发挥着至关重要的作用。随着生产活动的复杂化和市场竞争程度的加剧，企业家才能作为生产要素的地位逐渐被认可。

进入数字经济时代，财务资本已经转变为普通的生产资料，在价值创造过程中的作用大为下降，不再居于关键地位。而智力资本作为主动性资产，成为企业超额利润的源泉（Hong等，2007；Nuryaman，2015）。蒋琰和茅宁（2008）对江浙地区的企业家与公司绩效进行了实证分析，研究发现在企业绩效的可持续增长中，智力资本的作用已经显著高于财务资本，智力资本成为影响企业长期竞争优势的关键。卢欣和黄顺（2009）研究发现，制造业、信息技术业和房地产业的发展中，智力资本成为企业价值创造和可持续发展的关键性、稀缺性资源。李冬伟和李建良（2012）的实证研究表明，人力资本、创新资本等智力资本是高科技企业价值创造的主要要素，能显著提升企业价值。刘玉平和赵兴莉（2013）的研究显示，智力资本对企业价值创造的驱动效果明显大于物质资本。肖建华和赵莹（2018）研究发现，创业者战略领导力、创新精神以及团队凝聚力等智力资本是影响创业企业竞争力的关键因素。

拒绝阿里巴巴上市后，香港联合交易所CEO李小加也承认"创始人的伟大梦想和创意成就了创新型公司，也成为公司最重要的核心资产"。财务资本曾经在传统企业扩张式成长过程中发挥了重要作用，但随着科技创新突飞猛进，市场竞争程度不断提高，环境模糊性、易变性、动态性特征增强，处理外部不确定性的智力资本在价值创造过程中发挥的作用已远远超越财务资本。

4. 企业目标

工业经济时代，股东价值最大化目标占据主流，为保障这一目标的实现，让财务资本拥有剩余控制权是通行的做法。然而股东忽视了其他利益相关者在敌意收购中获利及利益相关者共同治理理论的兴起冲击了股东价值最大化目标。随着市场竞争程度的加剧和两权分离日益普遍，财务资本在处理外部不确定性和管理决策过程中逐渐"力不从心"。

随着创业热潮的到来，创业企业家凭借卓越的构思和巧妙的创意创建企业并获得财务资本的青睐。创业企业家为企业描绘了宏伟的蓝图和愿景，追求企业价值最大化的目标，在此过程中，股东基于对创业企业家的欣赏和信任而投入资本，财务资本退居为生产资料的提供者，为创业企业家发挥主观能动性让出充分空间。财务资本和智力资本在互利共赢的基础上实现合作博弈。在当今时代，如何应对外部日益加剧的不确定性并迅速做出战略决策成为企业的首要矛盾，而不确定性的处理者——企业家应该占据主导地位。企业价值最大化目标的实现，既依赖于企业家的战略眼光、决策魄力和运筹帷幄的能力，又需要财务资本充分的授权与信任。

二、两种资本的博弈

1. 谈判能力

在财务资本稀缺的工业经济时代，财务资本在企业创业、成长、扩张等各个阶段发挥着关键作用,而在供小于求、市场竞争不激烈、生产活动标准化程度高的环境中,主要负责监督和控制生产活动的管理层在价值创造过程中发挥的作用有限。当时资本雇佣劳动的信念深入人心,公司治理研究的初始视角——两权分离、委托代理关系、内部人控制无不在强调财务资本的本位作用。两权分离强调财务资本拥有所有权与控制权,委托代理理论强调财务资本委托管理层代理的关系,内部人控制更是对管理层掌握越来越多权力的忌惮和对财务资本主导地位的"正名"。

数字经济时代,财务资本稀缺程度下降,互联网和高科技创业企业在资金融通日益便利的资本市场的助力下迅速成长,包括马云、扎克伯格、李彦宏、刘强东等在内的一代新兴创业企业家功成名就。这些创业企业家紧抓时代风口,基于宏伟的理想信念,借助资本市场的东风描绘了数字经济时代的画卷。从艰苦创业到融资成长再到成功上市,这些创业企业家倾注了无数心血,并对所创立的企业一直拥有"心理所有权"。他们视企业为自己的孩子,悉心培育,将创业之初的理想信念、经营理念和价值观念加以贯彻(李海英等,2017)。马云曾坦言,他坚信不疑的事情是:资本家永远是舅舅,创始人团队才是这个企业的父母,要掌握这个企业的未来。毋庸置疑,当今时代在公司治理和管理中,占据本位的是优秀的创业企业家,是智力资本的价值观、未来观成就了企业,而财务资本由于可替代性强而成为普通生产资料。

数字经济时代,智力资本的稀缺性程度、资产专用性程度、价值创造能力不断提高,并在企业价值最大化目标的实现过程中发挥着关键作用。在智力资本与财务资本博弈的过程中,智力资本谈判能力逐渐提高并占据上风。Google、Facebook、百度、京东、阿里巴巴的创始人团队基于自身强大的博弈能力,通过表决权差异安排、阿里巴巴合伙人制度等公司治理制度设计在公司治理中占据主导地位,股东信任创始人团队并心甘情愿地接受这一制度安排。财务资本和智力资本在合作博弈的基础上实现互利共赢。

2. 合作博弈

智力资本在公司治理中占据主导地位并不意味着"资本雇佣劳动"转变为"劳动雇佣资本",而是在承认智力资本主导地位的同时,两种资本实现了协同运行,主要表现在以下两个方面。

第一,两种资本各司其职、实现共赢。随着市场竞争的日益复杂和技术变革的日新月异,郑志刚(2019)指出,新兴产业的快速发展使创业团队与外部投资者之间信息不对称加剧，且由于管理的专业性与复杂性提升，缺乏专业知识和能力的投资者整体精明度下降。在这种情况下，股东接受了智力资本的"超级权利"，心甘情愿退居资本提供者的角色。智力资本在免受外部野蛮人威胁、缺乏专业知识股东"指手画脚"、被股东"扫地出门"等消极影响的优良环境下，更可能为股东创造更多的价值。

数字经济时代，创业企业家专司公司经营管理、股东提供资本并把握好自己的收益权和监督权实质上是专业分工的深化，将会进一步促进效率的提升。财务资本所有者之所以心甘情愿放弃控制权，不只是由于在与创业企业家博弈过程中处于劣势，作为追求满意收益的有限理性的经济人，Aghion 和 Bolton（1992）指出，如果企业管理当局经营结果能够达到甚至超过股东要求的满意利润，那么股东并不希冀去监督管理当局。股东放手自己不熟悉、不擅长的新兴业务发展模式的决策权并获得满意收益也更加符合成本效益原则。放弃控制权也是对智力资本的一种无形"激励"，一方面有利于智力资本的创新活动与价值创造，另一方面用自己的"牺牲"去换取智力资本的勤勉和坦诚，从而降低信息不对称带来的道德风险问题。

第二，两种资本同舟共济、抵御外敌。目前我国包括万科、伊利、格力、南玻在内的标杆企业面临着"野蛮人"入侵的威胁，既影响了公司的正常经营，又破坏了资本市场的秩序。公司面临的主要矛盾已经从股东与管理层两者之间的矛盾转变为股东、管理层与外部"野蛮人"的矛盾。郑志刚等（2016）指出，在不完全契约下，以往经理人利用资产重组掏空公司资产等传统经理人机会主义行为倾向在互联网时代逐步被门外"野蛮人"入侵等股东机会主义行为威胁所代替。股东想方设法防止"内部人控制"的背景已经淡化，股东和管理层共同应对"外部人"威胁是公司治理的主要矛盾。Lehn 等（1990）曾提到为了激励管理层的人力资本投资，股东可能也希望巩固管理层的控制权，以免受接管的威胁。智力资本掌握控制权为抵御"野蛮人敲门"提供了天然屏障，两种资本实现了一致对外的统一战线。

第三节　智力资本主导地位的实现

智力资本在公司治理中的主导地位主要体现为控制权。智力资本控制权主要来源于其丰富的资源基础和能力基础，然后通过制度设计对控制权予以锁定。智力资本掌控公司控制权存在演化过程。从两权分离引发的公司治理问题开始，财务资本和智力资本以"股东终极控制"和"内部人控制"的形式不断博弈。传统范式中智力资本被视为存在道德风险和机会主义行为并需要监督和激励的对象。随着数字经济的深入发展，智力资本的重要性不断攀升，实证分析亦表明智力资本在公司价值创造、竞争优势的获取与维持中具有显著作用（Hong 等，2007；Nuryaman，2015），智力资本已成为企业最重要、最能推动价值创造活动的资源（卢馨、黄顺，2009）。智力资本取得公司控制权，是人类社会从工业经济到数字经济演化的产物，不仅是公司治理演化的趋势，也具有历史必然性。

一、控制权逻辑的演变

控制权自 Berle 和 Means（1932）提出所有权和经营权分离理论以来，一直吸引着学术界的研究兴趣并逐渐成为公司治理的核心问题。对控制权的研究始于契约不完全视角，Aghion 和 Tirole（1997）认为控制权是对契约中未尽事宜的决策权。当视角转移到复杂多层级的股权结构中，La Porta 等（1999）认为控制权是以直接或间接的方式持有最大比例股份的终极股东拥有的实际控制权，即高闯和关鑫（2008）所定义的"股权控制链"。后来社会学中资源配置和制度安排视角激活了对权力的研究，Rajan 和 Zingales（1998）指出控制权不仅来源于物质资产，对关键资源、关系的使用权也成为权力的来源，在此基础上高闯和关鑫（2008）、赵晶和郭海（2014）以"社会资本控制链"研究社会资本对控制权的影响，王春艳等（2016）从财务资源、知识资源、社会资源以及制度安排的视角对创始人控制权进行了案例研究。

从控制权的研究发展历程可以发现：①控制权单纯来源于所有权的逻辑已经改变，同股同权原则不再是分析控制权的唯一原则。权威（朱国泓、杜兴强，2010）、知识资源、社会资本、制度安排等丰富了控制权的来源；②由于控制权是对资源和人员施加影响与控制的权力，局限于基于股权获得的权力，因而对控制权的分析应该坚持实质重于形式的原则；③控制权自始至终是公司治理研究的核心和焦点。

智力资本基于高稀缺性、高资产专用性、高价值创造能力在公司治理博弈中逐渐占据主导地位，并基于其丰富的知识资源、关系资源、声誉等因素获得高于股权的"超级权利"，然后通过公司治理制度设计将"超级权利"固化，从而掌握和锁定控制权。实践中，Google、百度、京东等公司的创始人团队通过表决权差异安排掌握一股多票的"超级表决权"，阿里巴巴合伙人制度允许合伙人团队掌握半数以上的董事提名权，从而获得实质上的控制权。

二、智力资本控制权的来源

以创业企业家为代表的智力资本不仅拥有一定的财务资源，还拥有丰富的知识资源、社会资源、关系资源、声誉和权威等，后者是智力资本"超级权利"的来源。

创业企业家或团队掌握控制权的前提是其拥有的财务资源。一般而言，创业企业家或高管团队是公司股东，其拥有一定的股份。虽然其拥有的股份数量不多，但是却是维系与其他普通股东利益的关键纽带，是与普通股东利益一致、休戚与共的象征。对表决权差异安排而言，创业企业家持有的B股是其掌握控制权的重要基础。对阿里巴巴合伙人制度的而言，合伙人必须持有一定比例的股份且不能随意减持。保持智力资本与财务资本的利益相关度是智力资本掌握控制权的前提。

智力资本控制权超过股权的溢价来源于企业家的知识资源、社会资源和权威等。首先，知识资源方面，创业企业家的创业才能、专业才能、管理才能是企业茁壮成长的动力，是企业家对创业机会精准把握、对市场敏锐洞察、对人才精心培育以引导企业发展壮大的根本。企业家的知识资源帮助其获得了专家权力并对企业管理产生影响力（王珏、祝继高，2015）。其次，社会资源方面，创业企业家的声誉、关系资源、团队内部的融洽合作在企业价值创造方面发挥着重要作用。高闯和关鑫（2008）指出，股东或管理层可以动用其嵌入的社会关系网络的关系资源获得一定的控制权。最后，创业企业家在奋斗过程中展示出的不屈不挠的韧劲、执着追寻的勇气、独特的人格魅力、描绘愿景的宏伟胸怀也对员工产生了重要的影响力，包括行动方面的影响力和思想方面的影响力。创业企业家前期取得的成就逐渐产生了权威，这也是智力资本控制权的来源之一。企业家所拥有的稀缺的、难以替代的、难以模仿的知识资源和社会资源提升了其在公司治理博弈中的谈判能力，使得控制权从财务资本到智力资本的转移成为可能。

三、智力资本控制权的锁定

王春艳等（2016）指出，智力资本控制权的来源——知识资源、社会资源等具有动态性、不稳定性特征，权威也具有人身依附性特征，因而导致智力资本的控制权也具有不稳定性特征。为了提升智力资本控制权的稳定性，智力资本需要通过结构化制度设计对控制权进行锁定。目前出现的制度设计主要有表决权差异安排和阿里巴巴合伙人制度。

制度安排可以将基于个人的、不稳定的控制上升为基于制度的、结构化的控制。当制度安排设计者拥有足够强大的谈判能力时，固化的制度可以提升控制权的稳定性和合法性。如中国封建社会皇帝的世袭制力图确保权力掌握在皇室之中。制度安排被承认和接受的原因在于制度设计者强大的谈判能力，制度稳定或均衡的关键在于制度受益者强大的谈判能力的持续拥有。传统范式下，同股同权原则成为财务资本锁定控制权的制度安排。新范式下，创业企业家依据自身强大的博弈能力主动设计表决权差异安排或阿里巴巴合伙人制度，将智力资本控制权予以结构化、稳定化。

表决权差异安排即创始人或高管团队持有一股多票的B类股份，而普通股东持有一股一票的A类股份。如京东创始人刘强东持有的B股其一股就拥有二十票表决权，而其他股东持有的A股则是一股一票，这样刘强东通过持有20%左右的股权来掌握83.7%的表决权。表决权差异安排将智力资本所拥有的知识资源、社会资源、权威等因素转化为B股中包含的超级表决权，既是对股东异质性的认可，又是智力资本主导地位的巩固路径。

阿里巴巴合伙人制度是另一种锁定智力资本控制权的制度安排，该制度规定以马云为首的合伙人团队基于一定比例的股份而拥有半数以上的董事提名权，即在实质上控制了董事会。董事会作为公司具体经营运作的决策中心和管控者，决定着公司的发展路径和总体规划。阿里巴巴合伙人团队通过合伙人制度锁定了对公司的控制权。

不论是表决权差异安排还是阿里巴巴合伙人制度，都将智力资本拥有的知识资源、关系资源、权威固化为"超级权利"，然后通过制度安排将"超级权利"结构化、合法化。制度安排的创新性设计是智力资本强大博弈能力的体现，制度安排的接受和实施是财务资本和智力资本合作博弈、协同运行关系的产物。

从财务资本导向到智力资本导向公司治理范式最核心的转变是控制权由财务资本转向了智力资本。传统范式中财务资本依托法律规定的同股同权原则掌握控制权，新范式中智力资本则主要通过制度安排"锁定"控制权。智力资本拥有的知识资源、关系资源、结构资本是其掌握控制权的资源基础，表决权差异安排及合伙人制度等结构化的制度安排可以减少资源波动产生的负面影响，将智力资本基于个人的、不稳定的控制上升为基于规章制度的、稳定的控制。

　　智力资本掌握公司控制权是智力资本导向公司治理范式的根本特征。①随着互联网时代的深入发展，出现了优秀的创业企业被财务资本竞相追逐的现象，资本雇佣劳动逐渐成为历史。越来越多的创业企业的控制权没有随股权结构的改变而改变，而是一直为企业家所掌握，以追求价值增值为目标的财务资本逐渐成为普通的生产要素。②智力资本掌握公司控制权可以形成新范式的稳定特征。传统范式下，控制权在财务资本所有者之间有序传承。新范式下亦可形成控制权在保持"企业家状态"的智力资本之间传递的结构化、制度化、可延续性机制，而阿里巴巴合伙人制度提供了优良的范本。③智力资本掌握公司控制权，并非对财务资本的作用予以否定，两种资本的合作仍然是公司治理新范式发挥作用的重要环节。新范式是财务资本与智力资本两者之间合作博弈的结果，两种资本的目标具有共同特征，即公司价值的最优化带来自身价值的最优化，而智力资本在价值创造中的作用已远远高于财务资本。

第五章　智力资本导向公司治理的权利关系与治理机制

智力资本导向公司治理范式以智力资本掌握控制权为核心，以智力资本与财务资本协同运行为纽带。智力资本与财务资本主导地位的转换改变了新范式下的公司治理结构与治理机制，新的公司治理序章逐渐开启。

第一节　智力资本导向公司治理的权利关系

公司治理结构是财务资本导向公司治理的重要组成部分，简言之就是股东、董事会、管理层三者之间相互制衡形成的组织结构，实质上是公司所有权、控制权、经营权、监督权、收益权之间制衡关系的体现。在智力资本导向公司治理范式下，上述制衡关系进一步体现了治理结构的特征，制度安排下的控制权优先在一定程度上冲击了传统的"股东大会—董事会—管理层"组织结构，占据主导地位的智力资本可能在股东大会、董事会、管理层中均有体现，这是财务资本导向公司治理不具备的特征。

一、所有权与控制权

财务资本导向公司治理范式下，所有权与经营权两权分离，董事会代表股东对管理层进行监督。该范式中股东拥有所有权、控制权，代表股东利益，拥有监督权的董事会对管理层的经营权进行监督，以保障股东收益权的顺利实现。在智力资本导向公司治理范式下，委托代理关系和所有权概念淡化，特别是创业形成的企业，企业到底是股东的还是创业企业家的抑或是共同拥有的这一问题不再那么重要，以创业企业家为代表的智力资本掌握控制权和经营权，成为智力资本导向公司治理发挥作用的主要载体，当然此时监督权的内容也已发生变化。

控制权是公司治理的核心，控制权是否转移给智力资本也是公司治理范式从财务资本导向演进为智力资本导向的关键要素。在财务资本导向公司治理范式中，财务资本依托法律规定的同股同权原则掌握控制权，但在智力资本导向的新范式中，智力资本则主要通过制度安排"锁定"控制权。智力资本拥有的知识资源、关系资源、结构资本是其掌握控制权的资源基础，表决权差异安排及阿里巴巴合伙人制度等结构化的制度安排可以减少资源波动产生的负面影响，将智力资本基于个人的、不稳定的控制上升为基于规章制度的、稳定的控制。事实上，智力资本掌握控制权并不是财务资本和智力资本权力斗争的结果，而是两种资本相对地位变化的产物，是智力资本稀缺性、资产专用性、价值创造能力不断提升的结果。

在财务资本导向公司治理范式下，因财务资本所有者将财产委托给智力资本进行经营，从而需要设计激励机制以诱导智力资本为委托人的利益最大化而行动。在智力资本导向公司治理范式中，委托代理关系虽然仍然存在，但已退居次要地位，智力资本拥有的控制权并非来自财务资本的委托，而来自自身和公司的价值创造需求以及对公司使命愿景的传承，原本的外部驱动转变为内部驱动和自我驱动，外部激励转变为自我激励。尽管法律尚未进行明确的智力资本导向公司治理制度安排，但已有实践证明，智力资本掌握控制权不仅可以促进智力资本充分发挥其主观能动性，灵活处理不确定性，提高决策效率，还可以提升控制权的稳定性，防止外来"野蛮人敲门"。从一批包括百度、京东、小米、美团等在内的携双层股权结构上市的公司来看，智力资本掌握控制权是新型创业企业真真切切的诉求，也是公司价值最大化目标的要求。围绕控制权这一核心，经营权、监督权、收益权在新范式下有了新的匹配和架构方式。

蒋学跃（2014）指出，创业企业家对企业强烈的心理所有权会增强理想和事业对自身的激励作用，减弱金钱等物质要素的激励作用，这也体现了学术领域对人性认识的升华。Facebook 创始人扎克伯格申请自2013 年起只领取 1 美元的基本薪酬也体现了这一特征（李海英等，2016）。传统范式下基于委托代理关系的激励机制从物质激励出发实现激励效果，新范式下的激励机制则更关注精神和信仰的激励作用，激发管理层的自我实现需求，从而为企业价值创造提供更强的动力。因此，所有权的淡化和控制权的强化，深刻体现了公司治理结构的本质变化，即不论股权分配如何，企业家智力资本合法取得了控制权。

二、控制权与经营权

财务资本导向公司治理范式下，经营权是附着于控制权代理链上的一环，管理层的经营权来自控制权所有者的委托。智力资本导向公司治理范式下经营权的归属不变，但其独立性增强，且控制权与经营权的界限不再十分清晰，这是因为智力资本凭借自身的管理经验、专业知识等资源成为管理阶层并掌握经营权，经营权不再是传统范式下控制权附属的权利。

智力资本导向公司治理的经营权出现了一些新的特征，主要包括以下几个方面。第一，经营权的独立性提高。传统范式下智力资本经营权被动接受财务资本控制权的限制和约束（Fama、Jensen，1983），新范式下智力资本的经营权在不影响财务资本收益权的前提下具备相当大的自主性和独立性，这正是新范式的优势：智力资本充分发挥主观能动性进行价值创造，而不是听从财务资本的指挥被动行动，从而提升决策的灵活性和效率，实际上也提升了财务资本的利益。

第二，经营权的目标发生转变。在财务资本导向范式下，由于股东与管理层之间存在信息不对称和利益目标不一致，掌握经营权的管理层被视为需要防范道德风险和机会主义行为的"内部人"，受到股东和董事会的严密监督，以确保股东利益最大化。为了达到股东期望的业绩，短视行为发生的可能性较高。智力资本导向范式下以创业企业家为代表的智力资本掌握的经营权并非来自股东委托，而是基于自身的企业家才能、专业能力、丰富的资源和强大的博弈能力，专注于价值创造和市场竞争，以追求公司价值最大化为目标。

第三，控制权与经营权的关系呈现新特点。传统范式下智力资本经营权来自股东的委托，而新范式下智力资本的经营权是与控制权密不可分的，在财务资本的信任和放权下，智力资本既拥有控制权，又在很大程度上拥有经营权。当外部环境发生变化时，智力资本导向公司治理结构下的企业响应政策或市场变化的能力更强，能够采取更为灵活的应对措施。

三、监督权与收益权

一般意义上，享有收益权的利益方具有监督的积极性，因而在财务资本导向治理结构下，委托代理关系使得通过监督来考察代理人的尽职尽责程度十分必要，而监督的源头则是作为财务资本化身的股东，即使是二元监督下的监事会的监督权力最终也是由股东大会授权。而在智力资本导向范式下，财务资本仍然具有很强的监督权，但内容发生一定改变，同时智力资本自我监督得到强化。

首先，从作用上看，收益权是财务资本的基础权利必须得到保障，这是两种资本合作的前提。智力资本导向范式的"同股不同权"仅仅在于表决权层面，而不会直接影响股东的收益权。虽然股东提供的财务资本不再是公司运营的核心资源，但仍是必不可少的资源，其收益权的正常实现是智力资本掌握控制权的前提。值得注意的是，新范式下智力资本一般都拥有一定比例的股份，如阿里巴巴合伙人的条件之一是持有一定比例的股份且有减持限制，表决权差异安排下"超级投票权"拥有者也是公司的股东。企业家智力资本同时也是财务资本提供者，这在最大限度上保证了智力资本与财务资本同舟共济、合作博弈的关系。此外，新范式下掌握控制权的智力资本进行决策的独立性和效率提高，在应对不确定性时可以充分发挥主观能动性，在公司价值最大化目标的驱动下努力把公司的"蛋糕"做大，有助于财务资本收益权的实现。

其次，从内容上看，财务资本导向范式下财务资本和智力资本之间的监督内容尽可能广泛，包括独立董事或监事会对公司重大决策、关联交易、财务状况、合法合规等多方面的监督。智力资本导向范式下两种资本的协同合作关系代替了原来的委托代理关系，智力资本从被动接受委托转变为自我驱动和自我创造。这一转变并不意味着智力资本不再受到监督，财务资本基于自身收益权的实现而有必要进行财务、合法合规方面的监督，不过关于公司经营、战略决策方面的监督有所弱化。

最后，从监督方式上看，智力资本内部的自我监督强化，一方面提升了对智力资本素质的要求，另一方面提升了智力资本的先进性。阿里巴巴合伙人受合伙人委员会的监督，当出现未履行自身义务、重大过失等情况时会被合伙人会议除名。当实行双层股权结构的 Facebook、百度等企业的创业团队对未来业务模式创新不再有信心和把握时，可以自行将 B 股出售转化为普通股，将智力资本控制权归还给企业（郑志刚等，2016）。智力资本自我监督与其自我驱动一脉相承，不过智力资本自我监督的过程和效率难以被观察和测量，公司需持续完善智力资本自我监督机制并提高信息透明度。

第二节 智力资本导向公司治理机制

尽管组织结构是公司治理机制的载体，但在智力资本导向公司治理范式下，公司组织结构与权力制衡关系已非一一匹配，因而新范式下治理机制以控制权为核心展开。

一、治理机制的逻辑

在财务资本导向公司治理范式下，公司治理机制设计在委托代理理论的逻辑下展开，公司治理机制被定义为股东利用或设计一系列制度安排，以加强对公司的控制并减少代理成本的制度设计的总称（郑志刚，2006）。智力资本导向公司治理范式下委托代理关系淡化，公司治理机制的主要目标从减少代理成本转变为促进公司价值最大化。

财务资本导向公司治理作为一种成熟的范式，公司治理机制包括外部治理机制和内部治理机制。其中，外部治理机制包括与公司治理有关的法律、产品和要素市场、控制权市场、声誉市场等，内部治理机制包括激励机制、外部董事、大股东治理等。由于公司治理范式的演进主要体现为公司内部权力制衡关系的变化，故智力资本导向范式下的外部治理机制基本不变，而关于内部治理机制则主要围绕控制权展开。同股同权原则被打破后，智力资本控制权的实现机制、监督机制和传承机制在表决权差异安排和阿里巴巴合伙人制度的实践中探索出了初步答案，两者在控制权分配、监督、传承等治理机制方面既存在共同的范式特征，又存在体现两者实践差异的个性特点。

二、控制权的实现机制

在财务资本导向范式下，"资本雇佣劳动"的理念深入人心，控制权是所有权的延伸。但在智力资本导向范式下，典型的治理方式如表决权差异安排和阿里巴巴合伙人制度，均是通过特定的"制度安排"实现智力资本对控制权的"锁定"。创业企业家强大的博弈能力、卓越才能、知识资源、社会资源等构成其掌握控制权的基础，但是这些因素具有流动性、不稳定性等特征，在当前环境下也不具备法律层面的保障机制，因而创业企业家主动通过表决权差异安排、合伙人制度等结构化制度安排牢牢锁定控制权，减少资本和资源波动对控制权产生的不利影响。

关于智力资本控制权的实现路径，表决权差异安排和阿里巴巴合伙人制度都通过具有同股不同权特征的"超级权利"实现智力资本对控制权的掌握。表决权差异安排通过赋予企业家团队一股多票的超级表决权来帮助其获得控制权，如京东创始人刘强东持有的B股一股拥有二十票表决权，他通过持有20%左右的股票便掌握了京东83.7%的表决权。阿里巴巴合伙人团队主要通过掌握半数以上董事提名权而在实质上拥有了董事会和公司的控制权，其拥有的半数以上董事提名权与合伙人团队持有的股权不成比例，属于"超级权利"。

关于智力资本控制权的适用范围，表决权差异安排和阿里巴巴合伙人制度存在一定的差异。在表决权差异安排制度下，智力资本的超级投票权在公司任何事务和决策中都适用，而阿里巴巴的合伙人制度，智力资本控制权主要体现在董事提名权上，保留了一般股东在选举独立董事、重大交易、关联方交易方面的正常权利。公司治理制度的选择和具体实施是公司内部博弈的结果，坚持智力资本与财务资本协同运行的原则是公司治理的首要前提。

三、控制权的监督机制

控制权是公司治理中最核心的权力，智力资本掌握控制权并不意味着其可以凌驾于所有利益相关者之上，智力资本与财务资本只有协同运行、互相合作才能促进公司的健康发展。在传统委托代理关系下，股东对管理层进行监督的主要目的是降低其背离股东价值最大化目标的风险和可能性。在智力资本导向范式下，委托代理关系淡化，在股东的支持下，管理层努力追求公司价值最大化目标，股东对管理层经营管理的监督弱化。尽管财务资本在智力资本进行战略选择、决策等过程中的监督作用弱化，但是对公司管理活动合法合规方面的监督权应该得到保障甚至是强化，这样才能有效实现公司价值的最优。

监督机制的关键在于减少道德风险和机会主义行为。表决权差异安排和阿里巴巴合伙人制度均通过利益捆绑来降低智力资本道德风险。表决权差异安排下附有超级表决权的B股一旦被出售，则自动转换为普通股A股，这意味着当智力资本在降低与公司利益捆绑度的同时，其控制权也随之减弱，对控制权滥用行为起到一定的约束作用。阿里巴巴合伙人制度则规定了合伙人的股票减持限制和退出机制，一旦合伙人所持股份降到一定比例或者不再符合合伙人条件时，就要从合伙人团队中退出，这有利于督促智力资本勤勉尽责，从而保障财务资本的收益权。此外，合伙人还受到合伙人委员会的监督，当合伙人不能为公司使命、愿景和价值观竭尽全力时，则很容易被合伙人会议除名。

表决权差异安排和阿里巴巴合伙人制度都把智力资本控制权的依存状态与两种资本之间的利益捆绑度结合起来，智力资本控制权与财务资本收益权形成互为前提、休戚与共的关系。一方面，只有财务资本的收益权得到正常实现，智力资本的控制权才能得到财务资本的认可，另一方面，只有智力资本掌握控制权，公司价值创造效率得以提高，财务资本的收益权才可以更好地实现，实现了两种资本从传统范式下以非合作博弈为主到新范式下以合作博弈为主的博弈形式转换。

四、控制权的延续与传承机制

在财务资本导向公司治理范式下，控制权的延续与传承依赖资本的力量，即控制权的转换在同股同权原则下由资本所有者完成。邓承师（2004）指出，企业家的代代接续是公司可持续发展的必然要求，控制权有序且科学地传承是保持可持续竞争优势的关键。智力资本导向范式下智力资本具有较强的人身依附性，使其控制权的传承不像传统范式那样简明直接。表决权差异安排中，智力资本通过制度安排合法拥有控制权，可以激发企业家专用人力资本投资，但也为智力资本控制权的传承带来了挑战。在表决权差异安排下，控制权的延续目前尚没有清晰的路径，一般而言，谁拥有附有超级表决权的B股，谁便更可能拥有控制权，控制权延续的科学性和合理性有待通过众多企业的管理实践进行探索和提炼。

相对于表决权差异安排下智力资本控制权的人身依附性，阿里巴巴合伙人团队智力资本控制权体现出较强的团队依附性。在制度层面，阿里巴巴合伙人的控制权并不掌握在马云、蔡崇信等创业者个人手中，而是由一个在"企业家状态"的团队掌握。阿里巴巴合伙人制度通过合伙人团队进退机制的设计提升了控制权延续的科学性：一方面，合伙人的董事提名权不是特权，会随着合伙人的生命状态以及工作表现发生改变和消失，当合伙人不能为阿里巴巴的使命和愿景竭尽全力或出现重大过失时，会被合伙人委员会除名。另一方面，经过层层筛选的新进入的合伙人会为公司的发展带来新鲜血液和活力。由一个有新陈代谢机制的合伙人团队掌握并传承控制权，有助于保持智力资本的先进性和公司发展与时俱进。

从智力资本控制权的团队依附性来看，阿里巴巴合伙人制度比超级投票权制度的科学性更强。但是合伙人团队内部也存在一些不利于公司治理的不稳定因素，为公司的发展带来隐忧，如合伙人团队的内部管理、内部监督、内部净化能力是否健全就显得尤为重要。

五、外部治理机制

外部治理是公司治理的必然组成部分，这是由公司是宏观经济的基本单元的性质决定的。一般意义上，法律、产品要素市场、声誉市场、控制权市场是典型的外部治理机制。外部治理机制超越了公司内部的资源和能力范围，属于外部不可控环境对公司治理无形中施加的影响。智力资本导向范式下外部治理同样重要，但控制权市场由于缺乏同股同权的控制权转移机制而导致有效性下降。

由于现代企业制度发展历史短暂等原因，同股同权思想在我国现行关于公司治理的相关法律中根深蒂固，股东异质和同股不同权原则进入法律体系尚需较长时间。此外，我国投资者投资风险意识不强，智力资本导向公司治理范式被广泛接纳和认可也需要一个过程。不过从产品要素市场方面来看，由于竞争日益激烈，市场不确定性、模糊性、动态性、易变性日益增强，外部治理机制能够有效考察和提升智力资本勤勉尽责的程度，也有利于提升最优智力资本的选择效率。同时，随着网络媒体和舆论的发达，创业企业家很容易被推到风口浪尖，相比于工业经济时代，声誉市场有效性随创业企业家曝光程度提高而显著提高。

随着数字经济的深入发展，在智力资本导向范式下控制权市场发生了重大变化。当资本市场比较成熟时，资本运营手段如兼并、收购、接管等能够促进控制权转移，提升要素配置效率，这种控制权市场的存在和运行是财务资本导向公司治理的重要补充。传统范式下，控制权市场是对管理层进行监督和约束的重要外部治理机制，当管理层经营不善时，外部控制权市场对现任管理者经营权带来较大威胁。尽管控制权市场可以提高市场效率，但无法保护优秀的公司被"野蛮人"敲门，如曾经备受"宝万之争"纷扰的万科。"野蛮人"入侵和敌意收购的频繁发生破坏了公司正常经营所需的稳定环境，扰乱了资本市场的秩序。

智力资本导向公司治理可以有效提升控制权的稳定性，这对于抵御敌意收购、维护资本市场的良好秩序存在着积极意义。传统范式下，控制权市场发挥作用的基础是同股同权原则，新任大股东依据自身拥有的股份掌握控制权。当同股同权原则被打破，公司控制权与普通股股票关系削弱了，外部普通股东难以通过增持股票实现"接管"进而获得控制权，这为抵御"野蛮人"提供了天然的屏障。智力资本导向新范式提高了控制权的稳定性，为公司在可持续的前提下进行经营管理提供了稳定的环境。

尽管智力资本控制权的监督、延续及外部治理机制等仍有待完善和规范，但毋庸置疑的是智力资本导向公司治理范式是未来的大势所趋。新范式顺应数字经济时代发展要求，有助于企业在"野蛮人"肆意横行的环境中保持控制权的稳定性，并帮助企业家尽心追逐公司价值最大化目标。尽管仍处于范式前期，但是智力资本导向公司治理范式的雏形以及本质性特征已经基本呈现了出来：以人为本取代资本雇佣劳动成为新范式的信念基础，围绕这一信念，以智力资本掌握控制权为核心、以公司价值最大化为目标，以两种资本合作博弈与协同运行为原则的新范式正在逐渐形成。处于范式前期的智力资本导向公司治理范式的发展尚需要理论研究与社会实践的共同推动。

第三节　两种公司治理范式的比较

范式是特定历史阶段的产物，范式的更迭则是历史不断向前发展的象征。随着数字经济的深入发展，智力资本导向公司治理范式逐渐取代财务资本导向公司治理范式成为不可逆转的时代潮流。两种范式诞生于不同的时代背景，在共同信念、公司治理目标、公司治理核心、公司治理原则、公司治理结构和公司治理机制方面呈现本质性差异。

一、从资本雇佣劳动到以人为本的信念演变

在范式形成过程中，具备精神支柱与价值引领作用的共同信念发挥着关键作用。工业经济时代资本雇佣劳动这一根深蒂固的信念为财务资本导向公司治理范式的构建奠定了精神和信仰根基。随着18世纪后期到19世纪前半叶工业革命轰轰烈烈地开展，新技术、新发明的广泛应用使社会加速步入机械化大工业时代。生产线、机器设备引入对大规模资金的需求加速了公司制企业的扩张，也奠定了财务资本在公司治理范式形成中的重要地位。对财产私有制的崇尚、财务资本的稀缺性以及在风险承担与抵押上无可比拟的优越性都为"资本雇佣劳动"信念在人们心中进一步根深蒂固提供了坚实的铺垫（杨瑞龙、杨其静，2000）。杨瑞龙和周业安（2001）指出，西方经济学家极少系统地从人力资本和非人力资本的性质本身证明资本雇佣劳动理论，是因为这是西方经济学里最传统、最有影响力、最根深蒂固的一种理念。

工业经济时代资本雇佣劳动信念影响并塑造着学术研究者的意识形态和科学研究，体现出 Kuhn（1962）所指出的范式作为精神工具的作用。对"内部人控制"的抑制是资本雇佣劳动信念在控制权层面的渗透，财务资本掌握控制权是财务资本导向公司治理范式的核心。"内部人控制"这一概念反映出职业经理人作为拥有信息优势和资源优势的内部人取得公司控制权的"反常性"，其潜在含义为应由财务资本掌握最终控制

权，而且要对职业经理人进行必要的限制和约束。

委托代理理论和激励理论服务于股东价值最大化目标，公司治理机制的设计根植于资本雇佣劳动信念之中。Jensen 和 Meckling（1976）用"委托代理理论"对所有者和经营者的关系做了经典总结，代理过程中由于经营者会发生偏离股东价值最大化目标的风险，所以公司治理的重点在于通过治理结构和机制的设计来监督和约束职业经理人，从而减少代理成本。

同股同权原则是资本雇佣劳动信念下指导公司治理与资本市场运行的基本原则。优先保护投资者利益是各国资本市场的通用做法，股东之间按照股份比例分享投票权是资本市场和投资者认可的权利分配方式。工业经济时代资本雇佣劳动这一共同信念，与财务资本掌握控制权的实质、股东利益最大化目标、同股同权的基本原则相辅相成、相得益彰，财务资本导向公司治理范式逐渐形成。

工业经济时代，以机器为载体的大规模生产决定了劳动方式的简单化和严格标准化，从而人的主观能动性和创造性被经济学理论忽略了，一切严格的管理制度最终都为提升生产效率、最大化财务资本利益而服务。随着数字经济时代的到来，技术发展和劳动力受教育水平的提高使"工具人"假设逐渐失去基础，以人为本的信念逐渐渗透。计算机和智能制造技术解放了部分体力劳动者，员工素质、能力提升使其不断寻求更能发挥自身价值的工作。传统的"资本家—监工—劳动者"的资本雇佣逻辑已经改变，员工逐渐由被管理者转变为自管理者和自创业者（李海舰、朱芳芳，2017），企业自上而下的金字塔赋权结构逐渐被自下而上、鼓励员工自驱动和自创新的赋能结构所取代（罗仲伟等，2017）。

智力资本导向公司治理范式的共同信念是以人为本，这与传统范式的资本雇佣劳动信念存在根本不同。以人为本思想随着时代发展大致经历了两个阶段：一是以人为本而非以神或以上帝为本，二是以人为本而非以物质要素为本，后者是新范式的基础。资本雇佣劳动信念以"财务资本"为本，将人视作"工具人"。数字经济时代员工和组织结构的演变反映出以人为本而非以"财务资本"为本的转变趋势。以人为本信念强调将人视作"自我实现人"，强调激发人的主观能动性与创造性，与社会倡导和弘扬的企业家精神相契合。资本雇佣劳动信念下，管理层被视为追求自身利益最大化的理性人。以人为本强调对人本身主动性和创造性的尊重、认可与信任。

从资本雇佣劳动到以人为本信念的转变，是科技进步和教育水平提高的产物，是智力资本不断崛起的象征。①以人为本信念与智力资本掌握控制权相契合。在公司战略决策中，控制权应掌握在具有主观能动性和创造性的智力资本手中，而非财务资本这一物质要素的拥有者手中。②以人为本的信念有助于公司价值最大化目标的实现。财务资本提供者希望获得投资回报，而具有自我实现需求的智力资本是驱动公司价值创造的主要动力，秉承以人为本信念激发和重视智力资本的自我实现需求是提升公司竞争优势的源泉。③以人为本信念更加关注平等股东背后的差异性与个性化，一定程度上支持股东异质和同股不同权原则。以人为本信念从人本身出发，而不是从人提供的股份平等出发，关注不同股东在投资目的、资源基础、风险承担等方面的差异，为同股不同权原则提供了信念基础。

二、从股东利益最大化到公司价值最大化的目标演变

财务资本导向公司治理范式下，资本雇佣劳动信念奠定了财务资本的"本位"，委托代理理论也论证了传统范式的目标——股东利益最大化的实现路径，即股东利益最大化=利润-代理成本。Jensen和Meckling（1976）指出，股东委托管理层对公司进行经营管理，管理层代行经营权，代理过程中由于存在管理层偏离股东利益最大化目标的风险，所以公司治理的重点在于通过治理结构和机制的设计来监督和约束职业经理人，从而减少代理成本。Holmstrom（1982）的激励理论对于缓解财务资本（所有者）和智力资本（经营者）之间的矛盾、指导两种资本协同运行具有一定的积极作用，但是通过激励确保财务资本提供者收回投资并获得回报（Shleifer、Vishny，1997）是主流的公司治理目标。

股东利益最大化与公司价值最大化历来难以分辨且经常被不加区分地混用，直到Holmstrom（1982）的不可能性定理证明了股东利益最大化的个人理性并不会直接导致公司价值最大化的集体理性，才让人们开始意识到两者之间的差异。财务资本导向公司治理范式一贯奉行的股东利益最大化目标以股东为出发点和落脚点，即凡是有利于股东利益提升的决策都应得到支持。然而在20世纪80年代美国掀起的敌意收购浪潮中，股东的短期投机性暴露无遗，股东在收购中获利被戏称为除了死亡和税收之外的第三件确定无疑的事情。敌意收购使除了股东在外的管理层、员工等利益相关者的利益严重受损，股东利益最大化目标饱受诘难。在此背景下，美国29个州修改了《公司法》，要求从为股东服务转变为为利益相关者服务（崔之元，1996），体现出对股权至上的否定以及对绝对

私有制优先性的质疑。在此基础上，美国学者Blair（1995）系统地阐释了利益相关者共同治理理论，这一理论有力地证明了股东利益并不是唯一重要的目标，单纯追求股东利益最大化不利于公司的长久发展，对财务资本导向公司治理范式一直以来坚守的目标造成了强烈的冲击。Kuhn（1962）指出，两种范式转换时的混沌时期虽会使研究者产生迷失方向的混乱感，但也很容易激发研究者的创新精神和开拓新范式的使命感。此时学术界出现了固守和抛弃股东利益最大化目标的两个阵营，张维迎（1996）维护财务资本利益，认为"恒产者恒心"，而邓承师（2004）、李新春等（2006）则认为以公司价值最大化为目标激发智力资本的创新精神更为重要，公司治理目标在股东利益最大化和公司价值最大化之间徘徊。

随着财务资本稀缺性和价值创造能力的下降，股东利益最大化目标的重要性也会下降。共同治理理论的发展将公司治理分析视角从股东单一视角转变为公司整体视角，公司价值最大化目标成为维系利益相关者关系、提升公司整体凝聚力和竞争力的关键。虽然公司价值最大化目标缺乏衡量和评判标准，但毋庸置疑的是，在不确定性日益加剧的市场竞争中，企业家的智力资本在提升公司价值创造能力和竞争优势的过程中发挥着至关重要的作用，股东利益最大化目标早已成为"明日黄花"。公司价值最大化目标强调着眼于公司未来长远发展的愿景，在企业家的带领下，在公司文化和价值观的驱动下，不断提升公司价值和长期竞争优势。促进公司价值最大化目标的实现既是智力资本掌握控制权的初衷，又是智力资本持续奋斗的目标。

三、从财务资本主导到智力资本主导控制权的机制演变

理论界对两权分离的系统论证正式开启了公司治理研究的大门（Berle、Means，1932）。"内部人控制"这一概念反映出职业经理人作为拥有信息优势和资源优势的内部人取得公司控制权的"反常性"，其潜在含义为应由财务资本掌握最终控制权，而且要对职业经理人进行必要的限制和约束。财务资本掌握控制权是股东利益最大化目标的实现路径，是资本雇佣劳动信念在控制权层面的渗透，并获得了学术界的论证和强化。

财务资本掌握控制权的逻辑大致包括以下三种理论。其一，财务资本—监督地位—控制权逻辑：Alchian和Demsetz（1972）的团队生产理论指出，经营者道德风险来源于团队合作过程中成员行为的不可分辨性，

为此应该引入一个监督者。剩余索取权和控制权对称分布于所有者是保证监督者有足够的动力和积极性的最优选择。

其二，财务资本—资产专用性—剩余控制权逻辑：Williamson（1983）用资产专用性理论来解释财务资本获得剩余控制权的适宜性。财务资本投入企业之后形成企业永久性资产，从而承受着较大风险，容易"被套牢"的财务资本极有可能面临被管理者"敲竹杠"的风险而缺乏签订契约的积极性，因而让具备较强资产专用性和非流动性的财务资本掌握控制权有利于契约的达成和实施。

其三，财务资本—剩余控制权逻辑：Hart和Moore（1990）等开创的不完全契约理论强调产权配置的重要性，并直接指出剩余控制权来源于物质资本所有权。对财务资本控制权的论证从借用监督地位、资产专用性等中间变量到不完全契约理论直接把所有权和控制权等同可以看出，财务资本主导地位逐渐成为无须论证的"常理"了。

财务资本掌握控制权的根源在于其在公司治理博弈中强大的谈判能力，随着财务资本稀缺性、资产专用性、价值创造能力、风险承担能力的下降，财务资本掌握控制权的基础逐渐淡薄。理论研究中控制权单纯来源于股权的逻辑逐渐改变，社会学为一些学者分析控制权提供了新的视角，Santos和Eisenhardt（2009）创新性地结合制度和资源依赖的理论对企业创始人的权力进行了分析，朱国泓（2010）从社会学权力的视角指出，控制权的来源之一为经理人由于之前良好的业绩和明智的领导所形成的个人权威。王春艳等（2016）将创始人控制权来源归为财务性资源、关系性资源、知识性资源的配置与相关制度安排。易阳（2016）等从资产专用性的角度出发，指出创始人的个人能力、权威、创业理想和激情等专用性资产是影响公司控制权配置的重要因素。以企业家为代表的智力资本依据其掌握的稀缺的管理才能、知识资源、关系资源、声誉等在公司治理中获得了越来越强大的博弈能力，并主动设计表决权差异安排或合伙人制度对控制权予以锁定。

智力资本掌握控制权是新范式的本质特征。①智力资本掌握控制权与以人为本的信念相契合。智力资本掌握控制权可以充分激发企业家的主观能动性和创造性，提高企业家专用性人力资本投资及决策质量和效率。②智力资本掌握控制权有助于公司价值最大化目标的实现。智力资本掌握控制权一方面可以提高控制权的稳定性，降低诸如"宝万之争"之类外部财务资本的干扰，为企业的经营管理提供稳定的环境，另一方面可以提高智力资本决策的独立性，传统受股东严密监督和约束的管理层显得"束手束脚",如今可以根据企业未来愿景和市场变化灵活调整。③智力资本掌握控制权体现了两种资本的协同运行关系。财务资本支持和信任智力资本,智力资本在财务资本让出的广阔空间中大展拳脚,两种资本实现了郑志刚等(2016)所说的从短期雇佣合约到互惠共赢的长期合伙关系的转变。

四、从同股同权到合作博弈的治理原则演变

在财务资本导向公司治理范式下,同股同权原则是资本在雇佣劳动信念下指导公司治理与资本市场运行的基本原则。优先保护投资者利益是各国资本市场的通用做法,股东之间按照股份比例分享投票权是资本市场和投资者认可的权利分配方式。同股同权原则实质上是为了维护财务资本的主导地位,大股东依据同股同权原则可"合理且合法"地掌握控制权。

同股同权原则虽然在一定程度上较为公平公正,但是阻止不了三类问题的发生。一是大股东侵占,即控股股东利用自身的控制权优势对中小股东的利益进行侵占。尽管同股同权,但是小股东的表决权由于比重低而"名存实亡",无法为自身利益诉求行使表决权。二是敌意收购,外部"野蛮人"只需购买足够多的股份便可以轻而易举地掌握目标公司的控制权,对公司的稳定发展构成了威胁。为了抵御敌意收购,1989年美国宾夕法尼亚州《公司法》变革中的一则条款突破了同股同权原则:不论拥有多少股票的股东最多只有20%的表决权(崔之元,1996)。这一改革反映出有必要对"为所欲为"的财务资本进行抵御和约束。三是创业企业家被大股东驱逐。同股同权原则使创业企业家的权威和权力在财务资本面前毫无抵抗力。公司控制权稳定性被财务资本破坏的实例屡见不鲜:苹果公司曾经将创业者乔布斯踢出门外,思科公司创始人莱昂和桑德拉在董事会的压力下纷纷出局,为高朋网构建清晰盈利模式的创始人梅森离职,曾在中国软饮市场叱咤风云超过70%市场份额的健力宝最终被资本力量扼杀,南玻集团创始人兼董事长曾南被宝能系"逼宫"等。财务资本倚仗同股同权原则引发的控制权转移及变更威胁不仅严重影响了公司正常的经营管理,还扰乱了资本市场的秩序。

智力资本力量的崛起最终冲破了同股同权原则,创业企业家通过表决权差异安排赋予的超级表决权掌握了控制权,一股十票甚至一股二十票的表决权构成了"同股不同权"。这一原则被股东和投资者接受的原因主要有两方面。其一,股东异质性特征日益突出。同股同权原则隐含着

股东同质性假设,然而创业企业家除了掌握与普通股东相同的财务资源外,还拥有丰富的知识资源、关系资源、声誉等难以替代的资源,对企业价值创造和竞争优势获取发挥着重要作用。相较股东同质和同股同权的绝对平等,按照不同股东的资源禀赋差异赋予不同的表决权似乎可以实现真正的平等。此外,表决权差异安排等同股不同权制度还可以提升企业家决策的独立性和效率。其二,财务资本和智力资本的相对地位发生了转换,两种资本转变为合作博弈关系。财务资本在公司治理中的博弈能力逐渐减弱,智力资本从被动接受监督和约束转变为自我驱动和主动创造,两种资本在互惠共赢的基础上合作博弈。智力资本在新范式下充分释放主观能动性,奋力把公司做强做大并借以实现理想情怀,财务资本为智力资本发挥创造力让出必要的空间,并在其创造的更大的"蛋糕"中实现收益权。两种资本各得其所,实现共赢。

五、两种范式治理机制的比较

财务资本导向公司治理范式下,公司治理结构中所有权与经营权两权分离现象普遍,委托代理关系显著。股东大会作为最高权力机构和决策机构,设置董事会或监事会对管理层进行监督。智力资本导向公司治理范式下创业企业增多,许多创业企业家初始阶段集所有权和经营权于一身,之后虽然股权被多轮系列融资稀释,但是他们巧妙地利用表决权差异安排或合伙人制度保持自身控制权。新范式下所有权概念淡化,委托代理关系弱化,智力资本通过持有"超级权利"将控制权牢牢锁定。智力资本自我驱动力增强,财务资本对智力资本的监督在一定程度上转变为智力资本的自我监督。

关于内部治理机制:①激励机制从以外部激励、物质激励为主转变为以自我激励、精神激励为主。传统范式下管理层经营管理受股东委托和激励,薪酬、绩效、期权等激励机制通过提升管理层与股东物质利益相关度来降低管理层的道德风险。新范式下,委托代理关系淡化,创业企业家对企业强烈的心理所有权以及对理想抱负的追逐弱化了外部物质激励,强化了自我激励和精神激励。②监督机制也从以外部监督为主转变为以自我监督为主。传统范式下股东对管理层监督的必要性来源于管理层与股东利益目标可能的不一致以及信息不对称,为防止管理层偏离股东利益最大化目标,严密的监督机制被设计和实施。新范式下,股东和管理层追求公司价值最大化的共同目标,且管理层在股东的信任基础上进行决策和管理,外部监督机制弱化,管理层内部自我监督强化。③传统范式下大股东治理问题突出，新范式下这一问题不显著，大股东与中小股东矛盾减弱。④传统范式下控制权传承机制简单明了，新范式下智力资本控制权的人身依附性或团队依附性对控制权的传承带来挑战。

关于外部治理机制：①法律方面，新范式在我国面临一定的法律障碍，传统公司治理范式和同股同权原则拥有强大的制度惯性与思维惯性，我国对新范式的接纳尚需时日。②新范式下产品要素市场竞争加剧，对管理者的督促和约束作用增强。③新范式下媒体和舆论的发达提升了声誉市场的有效性。④传统范式下控制权市场是改善经营效率、降低代理成本的重要治理机制，其发挥作用的基础是同股同权原则。新范式下同股同权原则被打破，智力资本基于自身丰富的资源和制度安排锁定控制权，控制权市场由于缺乏同股同权的转移机制，有效性有所降低。新范式下智力资本控制权稳定性提高，有助于企业在可持续运营的前提下经营，也有助于维护资本市场秩序。

财务资本导向公司治理范式根植于资本雇佣劳动信念，遵循同股同权原则，以财务资本掌握控制权为核心并追求股东利益最大化目标。这一传统范式在工业经济时代发挥了重要作用。近年来，随着科技和资本市场的发展，资本雇佣劳动信念发生动摇，智力资本的崛起冲击了同股同权原则，股东利益最大化目标受到共同治理理论的挑战，财务资本导向公司治理范式面临着挑战与危机。伴随数字经济时代的加速到来，越来越多的创业企业家主动设计的表决权差异安排以及合伙人制度等直击传统范式的内核，引领新范式的形成和发展，智力资本导向公司治理范式围绕以人为本的信念，以智力资本掌握控制权为核心，以两种资本合作博弈与协同运行为原则，追求公司价值最大化目标。新范式尚处于范式前期，传统范式的巨大惯性会使新旧范式之间存在一段时间的紧张关系，新范式的发展成熟尚需时间和市场的培育。

第六章 智力资本导向公司治理的 理论基础

智力资本导向公司治理的产生不是社会经济发展的偶发事件,而是具有其必然性,其萌芽深深地植根于人类社会对人性的探究和对人的终极目标的追问。

第一节 人本主义理论

欧洲中世纪时期,费尔巴哈的人本学唯物主义哲学史无前例地将"以人为本"的概念引入哲学范畴,书写了人类思想史上的又一华丽篇章。资产阶级生产方式的兴起,潜移默化地瓦解了束缚着人们思想的"以皇权为本"的封建专制主义和"以神为本"的宗教神学主义的堡垒,最终以主张理性、自由、平等、民主、博爱的人道主义精神为根本的人本主义彻底打破了旧社会的思想牢笼,至此"以人为本"作为一种思想原则被推行至全世界,并被广泛应用于各领域。

一、人本主义理论的核心思想

20世纪中期,马斯洛创建了人本主义心理学,与罗杰斯一起成为该派的主要代表人物并被誉为"人本主义心理学之父",人本主义理论在20世纪70至80年代得到迅速发展。心理学的第一次思潮即以弗洛伊德为代表的精神分析学家将心理学的重点放在神经症和精神病人上,第二次思潮即以华生为代表的行为主义学家将人等同于动物,使其在不注重人的本性的前提下研究人的行为,心理学的第三次思潮与之前存在明显差异,强调应当重点关注人的尊严、价值、创造力、自我实现等高层次需要,人的潜能与人的本性之间的关系应当被重新认识,而心理学必须以人为研究起点才能真正得出切实有效的研究结果。

1. 需求理论

马斯洛认为人是一种不断需求的动物,随着社会条件和自身的发展,会有不同层次的需求涌现,在上一需求得到满足后,新的需求会再次浮现在人们的欲望中,因此驱动人们行为的因素就是需求。这些需求构成一个有高低、次序之分的层次体系，任何较高层次需求的出现都以较低层次的需求被满足为条件。

马斯洛所言的需求层次主要包括：①生理需要，这种对食物、住所、睡眠等物质的索取是最基本、最强烈的需求，现代社会中大多数的基本生理需求都能够被满足，因此较高层次的需求必会出现。②安全需要，这是为避免危险并使生活有保障的需要，一般包括职业稳定、社会稳定、一定的储蓄、健康等，当此需求得不到满足时，个体的行为目标均会指向安全，只为寻求安全而活。③归属与爱的需要，渴望拥有或生活在一个幸福美满的家庭，希望得到别人的认可，获得爱、归属、感情是这一层次需要的中心，孤独感、疏离感、失落感都会在此需要得不到满足时出现。④尊重需要，自尊、自重以及来自他人的尊重在这一层次的需求中扮演核心角色，满足此需要后会得到自信、能力、名誉、认可、成就等多方面的提升，反之则会产生自卑、胆小等负面情绪。⑤自我实现需要，自我实现可以驱动一个人最大限度地发挥全部潜能并使其潜力得以实现，但个体需清晰、准确地认识到自我实现需要存在差异化。

生理和安全需要是人与动物所共有的，归属与爱的需要是高级人猿和人类所共有的，自我实现需要则独属于人类。愈是高级的需要愈是感受不到人们生存和安全需要的紧迫。马斯洛的著作中多次提及"高峰体验"，他认为人们一般状态下处于匮乏性认知，这种未能超越功利价值取向的认知导致人们对世界的认识存在一定程度上的偏颇，是一种不成熟的认知。一种超越自我的、非利己的、客观的存在性认知出现时，能够使人们正确认识事物本身而不掺杂有关观察对象的任何因素，这是一种成熟的认知。在高峰体验中，个人对事物的认知已经由匮乏性认知进而转到存在性认知，能够领悟到事物的存在性价值，高峰体验随时随地都有可能发生，自我实现者会比普通人经历更多次的高峰体验，处于高峰体验时，人能够获得他认为最高的、最可信赖的认同感，此时最接近真正的自己（马斯洛，2003）。

2. 自我理论

罗杰斯认为，每个人的内在都有一种与生俱来的倾向，这种倾向促使个人尽力发挥潜能和创造力，达成具有建设性的目标。这种倾向受本能的驱动而生来就有，被罗杰斯称之为"实现倾向"，人类受实现倾向的驱使，总是想在成长和实践的过程中达到人生的最高境界，但并不是每个人都能发挥出实现倾向的本质，这会因个体所处生长环境的不同而迥异，同时取决于器官和功能以及个体自主性发展的差异。

通过大量的临床试验，罗杰斯郑重归纳出"自我概念"，他认为"自我"并非一个固定存在的实体，而是在凭借自身的知觉去感受外界的一切事物并将所见所感赋予特殊的含义后，再通过内在的心理系统进行组合将其变成自己的一部分的动态演化过程。具体来说，婴儿时期的个体就具备实现欲望的倾向和将自己的经验化为真实的能力，对婴儿来说个体的评价过程就是实现倾向。前述两者之间在实现倾向还未分化之时并无冲突，但当婴儿能够感受到自己的自我与别人的自我之间存在细微差异时，就形成了"自我概念"，并具有育养和保护的需求以及"积极关注"的需求，后者是人类普遍并永续的一种心理倾向。

与积极关注相伴而生的是自我关注需求，个体渴求在成长过程中能得到至亲好友的细心呵护、尊重、认同等积极关注，并且具备出于某种程度、某种方式对自己的好感，罗杰斯讲述了这两者之间的密切关系，即"我们对自身能否持有正面的感受，与他人所赋予积极关注的品质及持续性休戚相关"（索恩，2003）。当个体为寻求积极关注而将自己的行为方式调整在他人给出的评价、判断之下时，会成为"条件式价值"下的牺牲品，个体的自我关注会变得具有选择性，久而久之，过度追求积极关注的结果是内心原先认定的自我概念与实际经验认知之间存在矛盾，进而形成心理障碍，这样将许多条件化价值被迫内化的个体将会表现出人前成功人后脆弱的行为。

二、人本主义与智力资本导向公司治理

现代社会对"人的本性"的认识存在一个演化过程。20世纪30年代，"霍桑实验"首先对科学管理提出了严峻挑战，实验证明生产效率的提高与员工的积极性高低密不可分，并且金钱并不是针对工人的唯一激励因素，仅仅具有技术技能的员工并不足以解释在霍桑实验中发现的情绪和行为。罗斯利斯伯格和威廉·J.迪克森共同撰写的霍桑实验研究报告《管理和工人》提出，员工既有物质需求又有社会需求，"因此，在一个组织内部，既存在正式结构及其规则、秩序、政策、程序，同时又必然具有员工们出于共同目标和利益而形成的非正式群体"（雷恩，2009）。

人际关系学说的创始人梅奥认为，工程技术在技术导向型社会中占比过大，工作的意义只是从技术的角度进行诠释，强化了个人成就应当建立在追求经济性的效率逻辑之下，并且管理者对员工的社会需求视而不见，对效率逻辑的强调削弱了员工在工作中合作的能力，导致了员工想要获得的集体认同、社会满意等个人目标只能通过公共生活获得。因

此，在公司治理这一领域，不能对人的作用简单地抽象化，而应充分考虑人所具有的社会属性。

人本管理的思想萌芽于科学管理的"心理革命"中，但产生于霍桑实验，它否定了"经济人"假设并明确提出了社会人的主题，强调以人为主、以物为辅，将人确立为管理的重心和中心，以及友情、安全感等社会心理欲望同样作为金钱之外影响员工生产效率的关键因素。20世纪最后二十年，人本管理理论得到了极大发展，将管理的重心从物转变为人，实现了管理理论史上又一次飞跃式的突破，事实上也对公司治理的实践产生了重要影响。

马斯洛认为管理是一种人文而非技术性的活动，管理的主体是人，管理的目标是激发人们的心灵、欲望和创造力。人本主义理论为智力资本导向公司治理范式提供了人性假设前提，以人性本恶为前提的传统范式不再适宜数字经济时代及之后社会的发展，以激发人的潜能、自主性、创造性为主要目标的管理方式代替了以控制、压抑个性为主要目标的传统管理手段，进一步阐释了为什么被束缚的智力资本无法成为企业价值创造的源头活水，将智力资本简单地视作会计上的费用项目会严重低估其为价值创造所做的贡献。特别是企业家精神等核心智力资本成为企业发展的关键因素之后，赋予智力资本最大的控制权和自主权将是激发潜力和能力的最佳方式。作为顶层设计的公司治理应当顺应时势，将强调创造性和自我驱动的人本主义理论及其实践作为智力资本导向公司治理范式的基础，有助于实现公司价值最大化目标，帮助企业获取并保持竞争优势。

进入数字经济时代，大数据、云计算、物联网、人工智能等新一代信息技术利用传感、连接、感知等属性促使多个领域互通互联，更进一步地突破了个体之间、设备之间、组织之间的界限，为世界的万物互联提供了技术保障。因此，追求个体自由发展和实现个体价值最大化的需求被最大限度地激发了出来，源于道德素养、理想信念、思想觉悟等的"软约束"成为主导智力资本行为的主要因素，提倡员工以实现自我价值为目标的自我创新驱动、自我管理的企业备受青睐（李海舰、朱芳芳，2017）。按照历史的轨迹进行梳理可发现，以人为本的共同信念取代资本雇佣劳动是大势所趋，管理的主体和客体都应该是人，人性化管理是符合当今时代发展需求的主流管理方式，将以人为本作为共同信念的智力资本导向公司治理范式是顺应时代发展的必然趋势。

第二节　现代管家理论

　　委托代理理论作为公司治理的主流理论依据之一，致力于财务资本导向范式框架下的公司治理理论和实践的诠释，然而随着社会经济和资本市场发展，委托代理理论固有的缺陷和弊端不断暴露出来，在解释和指导公司治理实践时出现失灵。20世纪90年代以来，现代管家理论得到了极大发展。现代管家理论属于组织行为和组织理论的一部分，澳大利亚学者Dnaldson和Barney（1990）从与代理理论对立的角度揭示了委托人和代理人之间的另一种关系，为破除公司治理研究中的桎梏提供了新的视角。

一、现代管理理论对人性的分析

　　公司治理问题的诞生与委托代理理论密不可分。委托代理理论将功利主义作为人们追求物质利益的根源，将经理人的一系列行为建立在若干前提假设上，这些假设形成了代理理论的基石。该理论假设并在一定程度上认为人都是理性的自利主义者，经理人只以物质收益和成本来精确计算自己的行为，以避免超过报酬的付出和受到惩罚，所以在委托代理关系的双方之间充斥着机会主义行为，道德风险和逆向选择在毫无约束的情况下会频繁发生。

　　现代管家理论则从社会学、心理学的角度出发，探究人们除了功利主义、自利主义之外的行为动机，提出经理并不是十足的、与生俱来的"偷懒者""机会主义者"，对成功的渴求、自尊以及获得来自他人的尊重、认可、认同等因素能够成为驱使经理人努力工作的重要动机，这些精神需要无法通过物质利益得到满足。根据代理理论，经理们在工作中一直"精打细算"，生怕任何与收益不对等的成本花费、工作风险出现，但以现代管家理论为起点分析经理们的行为，能够看到完成具有挑战性的工作、主动承担责任、努力工作以得到领导的认可等颇具风险的行为受到现代经理们的偏爱。Davis、Schoorman和Donaldson（1997）试图将心理学、社会学融入代理理论和现代管家理论并提炼出具有两者综合特质的人性假设，将经理们产生行为动机的因素分为两种，即心理因素和组织情景因素，前者包括身份认同、权力使用等，后者包括企业文化、价值观等，这些非物质的激励与类似高管薪酬计划、高管持股等物质激励一起极大地激发了经理们的责任心、潜力和创新性，他们自觉自愿地将自己的价值、个人声誉与公司的成长、发展联结在一起，所有的这些生理、精神需求一起激励着经理们成为公司资产的"管家"。

二、现代管家理论与智力资本导向公司治理

对人的认识是管理理论的基础，不同的人性假设前提必然提出不同的公司治理理论并衍生出不同的治理结构和治理机制。代理理论认为如何监督经理人员并防范道德风险和逆向选择是公司治理结构的基础，因此CEO应当与董事长分人而立、分权而设，以此能够保证董事会的独立性并强化对CEO的监督。实际上，美国有不少公司的董事长兼任CEO，对此代理理论仍然从物质利益的角度出发进行分析，给出的满意解释为两者合二为一能够保证对CEO的激励，从而保护股东的利益。

现代管家理论认为公司治理的关键不是如何监督、控制管理人员以免受他们可能的机会主义行为的侵害，而是将对管理人员自身知识、经验、技能等多方面的培养看作能为公司带来经济利益的基础，这样才能够确保管理人员充分发挥才能，因此自主性的治理结构更能保证预期的公司业绩。从这个意义上来说，必须通过给予管理人员合理、适当的权利使管理人员对自己角色的定位从公司的"外来者"转化为公司的管家、准主人。而将董事长和CEO职位进行结合，一方面能够将董事会从监督的职能中抽离出来，使其将精力、目光放在公司战略、长远规划等方面，另一方面能够给予管理人员更强的领导力，赋予其依靠信息优势更进一步地获取经营管理活动的自主权。

进入数字经济时代，在价值创造活动中，财务资本退居次要地位，智力资本的作用举足轻重，管理活动不再是可以脱离技术活动的单独活动。事实上，在资本市场上市的公司，如在美国纳斯达克市场、中国创业板和科创板以及北交所上市的企业绝大多数都属于创业企业，创业团队的核心成员往往承担着董事长与CEO的双重角色。创业团队一般拥有善于技术研发与公司管理的优良结构，在这种情况下，创业者从技术角度制定的长期发展战略有利于公司以战略价值最大化进行决策，而不是以财务资本所追求的短期价值特别是股价上升为目标。

数字经济时代，创业企业的创业团队担任高管层更符合现代管家理论所述的"管家"含义，尽管管家不是企业在法律意义上的所有人，但从公司治理的角度上，智力资本主导公司治理比财务资本主导公司治理能够创造更大的价值，这也体现了社会发展的必然归宿。

第三节　企业家理论与高层梯队理论

公司治理范式探索的"智力资本"与传统理念上的"智力资本"，区别在于"人"的观念不同。传统意义上，财务资本占据主导地位除了财务资本的稀缺性以外，智力资本是作为基础性员工的劳动力概念存在的。当研究视角转向公司治理本身时，作为公司顶层设计的公司治理特征就不能忽略。智力资本集中于具备主观能动性的、发挥企业家才能的创始人或管理团队层面上，不再仅仅局限于所有员工层面，企业家与其带领的高级管理团队自然成为研究的焦点。

一、企业家理论

企业家理论是现代企业理论的重要组成部分。在企业实践中，成功企业家的管理实践进一步推动了企业家理论不断发展。比尔·盖茨之于微软、杰克·韦尔奇之于GE、葛洛夫之于英特尔、乔布斯之于苹果、张瑞敏之于海尔、任正非之于华为，这些企业家杰出的管理才能为企业家理论持续发展提供了完美的论据：杰出企业家是企业的掌门人与舵手。德鲁克对杰克·韦尔奇曾有这样的评价："对自己的能力充满信心，不放过任何创新的机会，既追求新奇又能使创新资本化。"因此，从哲学意义上看，是智力资本创造了价值，并为财务资本带来了成长空间。

1. 企业家理论的内涵

企业家理论是经济学发展到一定阶段的产物。在重商主义和重农学派相互争议发展的18世纪30年代，康替龙在1755年出版的《商业性质概论》中最先使用企业家的概念并系统阐述了企业家的角色，认为企业家自身的收入由于谷物需求的变化是不确定的，企业家是在不确定的市场环境中从事商业投机活动的套利者。工业革命以后，集约化的大机器生产代替手工业，社会财富不断积累，企业家阶层的力量逐渐壮大，他们对于社会地位及利润的追求在企业管理和战略决策职能中展现出来。1776年亚当·斯密在《国富论》中将"工人、资本家、地主"进行阶级划分，企业家的概念混杂在资本家中与利润的获得紧密联系。

随着资本主义政治形态的变化发展，企业家的职能不断明晰，逐步从表象过渡到本质。马歇尔认为"具有利用资本的经营能力"也是一个重要的生产要素，他将原本的以土地、劳动、资本为核心的"三位一体"观念扩展为"四位一体"，强调企业家才能是利润的重要源泉。他认为企业家需具备"商人和生产组织者"的作用和能力，具有敏锐的洞察力以发掘市场，指出生产方向；需通过其领导力和创造力组织生产要素，承担风险，选拔人才；通过出色的决断能力、应变能力和统驭能力管理组织。

约瑟夫·熊彼特的研究认为，企业家对"创新"的把控能力至关重要，企业发展不应是以追求利润最大化为目标，而是应对瞬息万变的市场环境进行战略决策。企业家依靠其直觉、判断、经验、智慧等素质领导企业，其核心是需要保持创新，否则就不再发挥企业家的功能。在现代企业家理论中，企业发展的本质是创新，创新与企业家才能是两个密切相关的因素。

19世纪60年代，跨国公司的繁荣发展促使新制度经济学诞生，为了寻找更有效的企业管理办法，新制度经济学建立了完整的理论体系。在这一时期，企业家理论完成了从独立的企业家到与企业、市场环境融合分析的发展历程。威廉姆森在科斯的理论基础上提出资产专用性观点，认为契约的不完全性是导致交易费用产生的根本原因，需要通过产权定义所有者来制约交易行为的机会主义动机，因此产权的出现也就引发了两权分离和代理问题，于是现代企业家制度提出建立企业家市场机制以解决代理问题，但企业家才能依然被资本遏制。

进入20世纪，敌意收购事件频发，掌握所有权的股东们出于个人利益与收购者达成协议，被收购后的企业面临倒闭、恶意裁员等损害其他利益相关者的合法权益行为，与企业发展理念背道而驰。种种迹象表明，财务资本主导公司治理的制度安排存在明显弊端。具有卓越才能的企业家不仅追求企业业绩，而且会不断谋求新的发展模式，探索公司治理的新思路。

2. 企业家理论与智力资本导向的公司治理

传统公司治理的核心观点是财务资本对于企业控制权的绝对把握，张维迎在《企业的企业家——契约理论》中，按照资本雇佣劳动的逻辑，认为财务资本是不可或缺的资源之一，他建立了企业家一般均衡模型，剖析了古典企业中经营者—企业家—资本家合三为一的现象，认为企业家应既具备才能又拥有足够的资本。近年来，大量公司股东的短视行为，对中小股东、其他利益相关者权益的侵蚀引起了人们的反对，财务资本的稀缺性和获得性大大降低，取而代之的是人们对于企业家才能的关注，"资本雇佣劳动"的观点被"以人为本"的观点逐步取代，企业家作为智力资本和股东之间展开博弈。

哈佛大学著名心理学家麦克莱兰通过大量的研究剖析了企业家特质，将人们在工作中的需求划分为三种：对权力的需要、对归属的需要和对成就的需要。研究发现，企业家表现出来的成就和权力需要高出常人，具有强烈的成功欲和自我实现的心理需要，勇于承担责任，所以他们是企业发展的基础。马歇尔在《经济学原理》中也认为企业家们是敢于冒险和承担风险的有高度技能的职业阶层，他们以创造力、洞察力和统帅力发现和消除市场的不均衡，创造更多的交易机会和效用，给企业的生产过程指明方向，使生产要素组织化。英国经济学家彭罗斯提出企业家的事业心和对风险的态度是一枚硬币的两面，因为企业家的事业心包含承担风险的意志、探索避免风险的热情、使企业持续发展的动力以及把对利润的追求当成自己的伟大使命。

企业家特别是创始人企业家，他们对于企业而言是专用性的人力资本投资，不同于股东的短视、投机行为和对利益的疯狂获取，他们追求的是自我价值的实现，将原本的外部激励机制转化为自我实现、自我驱动机制，充分发挥其主观能动性，而不是受财务资本的利益驱使和权力驱动，这也是智力资本导向公司治理范式的特点所在。企业的成败兴衰与企业家才能息息相关，真正的企业家主导企业运营，成为现代企业管理、企业持续成长的关键要素。

二、高层梯队理论

高层梯队理论也对智力资本的创造性予以高度关注。1984年Hambrick和Mason提出"高层梯队理论"，该理论对高层管理者的研究主要从三个层面探讨其与公司绩效、公司治理的关联性：①管理层异质性；②管理层过度自信；③管理者的背景特征。从发展历程来看，从对企业战略、运营体系的研究到对管理者团队的研究，从对管理者个人的探索到对团队层面的把握，公司治理的研究视角逐步向"人"的因素靠拢，研究视角更为广阔，更具科学性。

1.高层梯队理论的内涵

高层管理团队是处于企业层制定整体战略的最高指挥官，负责整个企业的组织、协调与运营，对企业经营管理拥有较高的决策权和控制权（Finkelstein、Hambrick，1996）。一般情况下，高层管理团队被界定为几种组合类型：①CEO及向其直接汇报工作的经理层（Boeker，1997）；②副总裁以上的管理者（Hambrick等，1996）；③总经理、CEO以及具有副总经理、副总裁、总会计师或CFO头衔的高管（魏立群等，2002）；

④董事长、总经理、总经理助理、副总经理和各职能部门总监及经理在内的参与高层决策的管理者（孙海法等，2006）。

Hambrick 和 Mason 认为讨论企业战略选择和决策行为最重要的是引入"人"的因素，因此观察高层管理团队比单独观察管理者个人更有效，高层梯队理论存在两个主要的观点：①面对相同的组织环境和信息，不同的管理者做出的决策和判断是有差异的；②这些差异来源于管理者的认知、教育背景等个人因素。区别一般的工作团队，高层管理团队的决策功能更强，团队成员之间要求具有高效、灵活、目标一致的属性特征。根据人口统计发现，团队成员的年龄、教育背景、性别、学历、工作背景等都能够反映出其认知态度和价值观，影响团队合作的效率和沟通的有效性，进而对组织的战略选择和绩效产生影响。

2. 高层梯队理论与智力资本导向公司治理

智力资本导向的公司治理与财务资本导向的公司治理存在的本质差异之一在于，决定公司发展命运的控制权由谁来掌握。财务资本主导公司治理的时代，股东通过对企业的资本注入享有相应的投票权和表决权，股东与管理者之间是委托人与代理人、所有权人和经营权人的关系，管理者的权力居于股东之下并受到股东的监管和制约。

股东与管理层之间存在的冲突体现在：①管理层受股东监督，其职业声誉、晋升机会和薪酬都在股东的管控之下；②管理层与股东之间存在着不可逾越的代理鸿沟，股东倾向于高利润低风险的项目，而对于投资回报期较长但对企业有利的项目往往避而不谈，而管理层出于职业发展的持续性和企业长期发展的目的性，往往倾向于投资长远利益的项目；③管理层的权力具有局限性，在经营方面拥有的控制权受到股东对企业控制权的制约，决策行为缺少独立性。因此，管理者的决策行为在很大程度上是股东利益甚至是部分大股东利益的体现。此时管理层团队治理企业的出发点是个人利益的保护，包括企业利润、个人晋升、声誉等多个方面，面对损害股东利益但有利于企业长期发展的决策缺乏准确、独立的判断。

以双层股权制度为代表的表决权差异，无疑打破了股东与管理层团队之间固有的利益链条和权力关系层级，赋予管理层控制权的同时促使管理层真正享有独立地位，减少短视行为。管理层充分发挥其主观能动性，对于公司治理过程中的主动性主要体现在：①管理层智力资本能够最大限度地保证控制权的稳定性和决策的独立性，为选择有利于企业长期发展目标的方案提供保障；②管理层的积极性和主动性得以获得支持和保证；③促使管理层智力资本为追求个人价值的实现而投身于公司运营管理之中，提升管理的专业化和决策的理性化。

阿里巴巴的合伙人委员会往往要求其成员必须为公司发展做过五年以上的管理工作并做出过重大贡献，而非提供多少财务资本。这意味着企业意识到为企业创造价值的核心要素是智力资本而非财务资本。由过去事实证明，由在公司重大决策中发挥过重要作用的"高层梯队成员"组成合伙人委员会来行使公司治理的最高权力，比那些对公司业务不甚了解的财务资本出资者作为公司治理主导角色具有更高的理论合理性和现实可行性。

第七章　表决权差异安排

当前实践中，智力资本导向公司治理范式主要表现为表决权差异安排和阿里巴巴合伙人制度。表决权差异安排意味着公司在发行普通股份的同时，可以为智力资本等特定对象发行拥有特别表决权的股份。欧美资本市场的表决权差异安排一般也称为双层股权结构，Google、Facebook、百度、京东等企业均采用这种公司治理方式。阿里巴巴合伙人制度是以马云为首的阿里巴巴合伙人团队为保持控制权而精心设计的公司治理制度。两种制度中智力资本控制权实现路径虽然不同，但殊途同归，是公司治理中智力资本掌握和锁定控制权的典型方式。

第一节　表决权差异安排溯源

表决权差异安排早期的表现形式是双层股权结构，又称为双重股权结构或双层股权制度。双层股权（dual-class share）与通行的"一股一票"的单层股权（single-class share）相对应，指公司发行的股票分为特种股票和普通股票。特种股票每股具有两票到几十票不等的超级投票权，由创始人或高管团队持有，普通股股票每股只有一股或更少直至为零的投票权，由普通股东持有。看似有违公平公正原则的双层股权结构却逐渐得到投资者和证券交易所的接纳，并得到 Google、Facebook、百度、京东等互联网高科技企业的青睐，成为智力资本掌控和保持控制权的主要制度选择。

一、双层股权结构的演进

1. 双层股权结构起源

双层股权结构最早可追溯到 1898 年 International Silver Company 发行的差别股票，包括 900 万股优先股和 1100 万股无投票权的普通股（马一，2014）。20 世纪 20 年代，美国包括道奇兄弟汽车公司、国际纤维公司、福克斯电影院公司在内的 186 家公司采用了双层股权结构。双层股权结构的股票通常分为 A 股和 B 股，A 股通常一股一票或一股零票，由普通股东持有，可自由买卖。B 股为附有"超级表决权"的股票，一股拥有十票或二十票不等的表决权，由高管层持有，不可自由买卖。双层股权结构不只在美国，在欧洲大部分国家、加拿大、日本、新加坡等国家也"遍地开花"。

2. 对同股同权的偏离

同股同权是公司治理的惯行原则，上述企业为什么想要偏离这一原则而采用双层股权结构呢？Arugaslan 等（2010）指出了两个原因，一方面，双层股权结构允许管理层在保持控制权的同时为长期投资项目筹资，在同股同权原则下，投资于长期发展的项目可能被股东否决而使管理层面临控制权更替的风险；另一方面，双层股权结构有助于管理层在公司股权分散的情况下保持控制权的稳定性，防止外部可能的"野蛮人敲门"。对于公司选择双层股权结构的原因，Arugaslan 等（2010）也指出了三个方面的原因：首先，有助于保护创始人专用性人力资本投资；其次，有助于形成优先的家族控制和管理层控制；最后，实施单一股权结构的公司可能会通过降低股价以增强股东分散性，从而减弱外部股东的束缚，表决权差异安排减弱了这一动机。总的来看，对同股同权的偏离以及表决权差异安排的流行更多地反映出管理层相对于股东力量的崛起，而集管理者与股东于一体的创业企业家及家族企业管理者对控制权稳定性的诉求更进一步推动了表决权差异安排的蔓延和盛行。

同股同权原则下，企业组织形式根据是否上市可划分为非上市公司（Private Corporation）和上市公司（Public Corporation）。表决权差异安排的应用似乎使企业呈现出了一种介于未上市公司和上市公司之间的组织形式，保持上市公司形态的同时获得了作为非上市企业的一些优势（Howell，2014）。Google 创始人指出，作为一个公众公司，他们相信表决权差异安排会使他们保留私人公司的很多优点。与未上市公司相比，实施表决权差异安排的公司可以在保持控制权稳定性的同时提升融资能力，股东也可以减少由于管理层风险厌恶带来的成本。与普通上市公司相比，表决权差异安排赋予了公司很多优势：首先，鼓励管理者专用性人力资本投资，管理者的"心理所有权"会促进其为公司的使命和愿景而奋斗；其次，抵御恶意收购，保持控制权稳定性；再次，减少管理层短视行为，因为管理者是在一个持续经营而非被短期财务指标驱动的前提下进行经营管理的；最后，在发生收购时可以提升收购红利，提升了公司被收购时的谈判力量。

二、表决权差异安排的争议

表决权差异安排是管理层为增强控制权稳定性、抵御恶意收购等目的而选择的公司治理制度设计，由于与同股同权的平等理念相背离，所以引发了投资者、证券管理机构和学术界的争议。

投资者方面，一些投资者认为表决权差异安排下投票权与现金流量权分离的本质会对自身收益权产生影响，而另一些选择表决权差异安排公司的投资者则信任现任管理者的专业胜任能力与公司的发展前景，愿意接受弱表决权的普通股票。实践中选择Google、京东、百度等表决权差异安排公司的投资者不在少数。无疑，后者在表决权差异安排社会化的过程中发挥了积极作用。

证券管理机构方面，纽约证券交易所早期出于保护投资者的平等和民主权利的信念，一度拒绝携带双层股权结构上市的公司，但是其中也允许了一些像福特公司这样的例外，而美国股票交易所和纳斯达克证券交易所则对双层股权结构持宽容态度。企业尤其是优秀企业对双层股权结构的需求加剧了证券交易所之间的竞争，由于对双层股权结构的审慎态度，纽约证券交易所错失了一些优秀企业，而纳斯达克证券交易所和美国股票交易所则发展得如火如荼。不甘落后的纽约证券交易所于1985年同意在一定限制条件基础上接受双层股权结构公司上市。企业对双层股权结构的市场需求是该制度得以存活和发展的重要条件，证券交易所的竞争推动了双层股权结构的包容发展。双层股权结构逐渐被社会接纳的过程是智力资本地位不断上升的结果，也是新范式萌芽且不断成长的表现。

学术研究方面，学术界对双层股权结构和单一股权结构的公司在成长机会、面临的市场压力、盈余管理、代理成本、财务报告的质量等诸多方面进行了孰优孰劣的实证研究。Khurana等（2013）发现，相比单一股权结构公司，双层股权结构公司财务报告的及时性较差，尤其是在承认一些负面消息时。Howell（2014）指出，双层股权结构一方面减少了管理层的短视行为，鼓励了管理者特定人力资本投资，另一方面加大了代理成本，同时减弱了控制权市场对管理层的督促与约束作用。Jordan等（2016）研究发现，双层股权结构公司会有更多的成长机会，面临更小的短期市场压力，但是当公司成长机会下降时，双层股权结构给公司带来的积极作用不显著。Li和Zaiats（2017）研究发现，双层股权结构与较差的信息环境和盈余管理有关系。Chemmanur和Jiao（2012）对双层股权结构的研究进行了总结：有关双层股权结构的理论分析是很少的，虽然相关的实证研究很多，但是结论不一，至于双层股权结构是提升还是降低了股东价值这一问题目前仍没有一个统一的答案。原因之一可能源自Kuhn（1962）所指出的范式之间的不可通约性，即不同范式之间不具备可比性，因而从实证角度探讨孰优孰劣的问题本质上意义不大。更进一步看，财务资本导向公司治理范式下的委托代理等问题在新范式下不再是主要矛盾，因而进行对比分析所依赖的理论基础如委托代理理论等是否科学有效值得反思和探讨。

表决权差异安排这一新范式的萌芽虽然面临着来自立法机构、股东权利维护群体、机构投资者的严峻挑战，但是仍然顽强地存活了下来。以管理层为代表的智力资本不断崛起，逐渐拥有了进行公司治理制度选择的主动权。中国自2019年起，持续在科创板、北交所和创业板市场接纳表决权差异安排的企业进行IPO，标志着智力资本导向公司治理范式正以不可逆转的姿态加速发展。

第二节　表决权差异的分析

表决权差异是否绝对违反平等和民主的社会要义？而同股同权是否一定是公平公正的自然延伸？对表决权差异安排合理性的深层次分析有助于发现其内在本质和发展动力。

一、从股东同质到股东异质

同股同权基于股东同质化假设，股份公司的"资合性"特征强调股东为同质性资本的载体，资本同质性的自然延伸是股东同质性。然而事实表明不同股东的投资目的、资源基础、风险承担能力有显著差异（李海英等，2017），尤其是创业企业家与普通投资者。一些经济学视角的研究也发现，不同股东的流动性需求和股权供给曲线弹性存在差异（Bagwell，1992；Wang、Liu，2014）。平等的基本要义是承认不同个体的差异性，而不是盲目地追求一概平等。即使是最能代表公平正义的同股同权原则，一朝也可能成为大股东侵占小股东利益的保护伞。

股东同质性假设解释力逐渐减弱，与此同时，股东异质性假设逐渐被认可，并可以很好地阐释表决权差异安排的理论合理性。不同股东在投资目的、资源基础、风险承担能力等方面存在本质性差异。①在投资目的方面，创业企业家及愿意为公司使命和愿景竭尽全力的管理层不仅投资了财务资本，还投资了专用性人力资本，其投资目的是希望公司不断发展壮大，而普通投资者的投资更多的是为了赚取股票差价，方竹兰（1997）指出，普通股东从原来投资于企业以获取剩余价值、与企业休戚与共的关系转变为短期逐利、获取差价的关系。②在资源基础方面，管理者股东不仅拥有财务资源，还拥有知识资源、关系资源、权威等，这些资源也构成控制权的基础（王春艳等，2016），而普通股东只提供了财务资源。控制权不再单纯来源于股权，管理者股东基于其丰富的资源而掌握更多控制权的逻辑逐渐得到认可。正如Pajuste（2005）所指出的：超级投票权是创始人智力资本的溢价。③风险承担能力方面，管理层股东基于"心理所有权"和专用性人力资本投资而具有较强的风险承担能力，但是普通股东随时可以进行股票买卖，用脚投票，其风险承担能力随资本市场的快速发展而降低。股东异质性假设更加贴近现实，为同股不同权和表决权差异安排提供了合理的理论基础。

二、表决权差异安排的规则合理性

汪青松（2014）指出，即使看似天经地义和亘古永恒的一股一票原则，迄今为止也没有正式上升为普遍适用的强制性规则，其主要原因是与公司自治的理念相悖。包括公司治理制度在内的所有制度安排本质上是公司内部各利益群体博弈和讨价还价的结果，自愿和自治是公司良好运行的坚实基础。表决权差异安排作为公司治理自治理念下的自然产物，是管理者与股东内部博弈和双方认可的结果，投资者购买双层股权公司股票也是自愿行为，所以该制度不应被强制抹杀。

《公司法》的去规制化是现代《公司法》发展的基本取向，股东权利的多元化配置也应当是公司自治的当然要义（汪青松，2014）。保护投资者利益是监管机构的要求，而实践中购买双层股权公司股票的投资者众多且回报丰厚，其背后暗含两个原因：一是随着业务模式的不断创新和管理专业化程度的提升，普通股东在理解和参与公司战略决策中的能力相对越来越低，所以自己手中的表决权几乎是没有价值和意义的，把表决权托付给专业的智力资本是较为理性的选择。二是财务资本与智力资本的相对地位变化被股东所感知，顺应智力资本的主导地位，为企业家发挥创新精神让出更大的空间也有利于财务资本收益权的实现，两种资本实现了价值创造过程中新的意义上的合作努力与协同运行。

接纳表决权差异安排不仅符合公司自治的理念，也符合适应性效率理论。诺斯（2014）基于不完全理性假设提出适应性效率理论，即在一个存在着不确定性的世界里，没有人知晓我们遇到问题的正确答案，因而事实上也没有人能真正确保利润最大化。一个社会若能极大地支持这种试验、尝试、创新，就有可能长期解决这种问题，即具备适应性效率的制度结构才有助于长期经济绩效的增长。对表决权差异安排的包容态度意味着允许公司治理随环境变化而做出适应性改变，从而有利于促进经济绩效的提升。

三、表决权差异安排的发展

早期研究中，借鉴生物学中"物竞天择，适者生存"的思想，Howell（2014）将双层股权结构的发展进化过程划分为四个阶段（如表7-1），指出双层股权结构对环境的适应和进化使其超越了作为反收购手段的工具属性，而成为一种有生命力的公司治理制度选择。

表7-1　双层股权结构的发展历程表

时间	阶段
1898—1926	股票分为有表决权股票和无表决权股票
1926—1985	股票分为表决权多的股票和表决权少的股票,无表决权股票不再存在
1985—1994	敌意收购浪潮中,公司从单一股权结构转型为双层股权结构
1994至今	越来越多的公司携双层股权结构IPO

1. 备受争议的早期阶段

1898年International Silver Company首次发行了无表决权股票，首开现金流权和表决权分离的先河。1925年道奇兄弟汽车公司也发行了一百五十股无表决权的A类股票。截至1926年，至少有183个公司实行了双层股权结构，发行了A类和B类两种股票。这一阶段无论是公众还是学者都对双层股权结构持较大的负面情绪。公众的抗议直接影响到纽约证券交易所对双层股权结构的审慎态度，甚至当时的美国总统卡尔文·柯立芝邀请学者亲自讨论双层股权结构与投资者利益保护的问题。

2. 如履薄冰的中期阶段

1926年，纽约证券交易所开始禁止发行无表决权的股票，尽管直到1940年才正式宣布禁令。之后福特公司通过发行弱表决权股票而非无表决权股票来绕过禁令。福特公司家族通过持有的5.1%的B股股票掌握了40%左右的表决权（Howell，2014）。由于纽约证券交易所的谨慎态度和严苛政策，在1985年全部的上市公司中只有10家双层股权结构公司

（Seligman，1986）。美国证券交易所和纳斯达克证券交易所虽然没有纽约证券交易所那么严格，但是也要求双层股权结构公司符合一定条件才能上市，以保护投资者利益和资本市场的良好发展，如B股股票不能低于一定比例，A股和B股的表决权比例不能低于1∶10。这一阶段，不论是证券交易所还是投资者，对双层股权结构的态度都是小心谨慎的。

3. 敌意收购浪潮推动双层股权结构的兴盛

20世纪七八十年代，美国敌意收购浪潮凸显出双层股权结构的优势，双层股权结构作为一种反收购手段，被越来越多的公司所采纳。通用电影公司通过发行B股改制为双层股权结构，B股一股拥有十票表决权，但是不允许公开交易的同时享有较少的分红。为了吸引优秀企业上市，各大证券交易所也对双层股权结构持宽容态度，1993年纽约证券交易所、纳斯达克、美国证券交易所三大证交所一致接受了关于有条件的双层股权结构的政策规则（19C-4准则）。抵御敌意收购是当时公司选择双层股权结构的主要动因，但是敌意收购浪潮过后，双层股权结构不像"毒丸计划"等反收购手段一样暂时被束之高阁，而是持续发挥作用，反映出双层股权结构还拥有除反收购之外的其他积极作用。

4. 数字经济时代双层股权结构重新迸发活力

进入21世纪，随着互联网平台和云技术的发展，许多高科技和互联网创业企业迅速崛起，多层次资本市场的发展为双层股权结构的茁壮成长提供了优良沃土，双层股权结构焕发出新的生机与活力。根据Howell（2014）的统计，美国2013年携带双层股权结构IPO的公司比例（17%）相比2003年几乎翻了一倍。随着财务资本的日益充裕，资本市场上呈现出财务资本追逐优秀企业家的场面，并涌现出拉里·佩奇、扎克伯格、李彦宏、刘强东等一批卓越的创业企业家。数字经济时代创业企业家的稀缺性、资产专用性、价值创造能力、风险承担能力大大提升，在公司治理博弈中也日益占据主动地位。这些优秀创业企业家为企业描绘了宏大的愿景，并对企业拥有强烈的"心理所有权"，希望公司可以在优秀的管理团队的带领下实现长期发展的目标。

新时代双层股权结构的本质相比敌意收购浪潮时期发生了变化。①从双层股权结构设置的目的来看，早期的主要目的是保留家族企业的控制权以及抵御恶意收购，进入21世纪以来，企业面临的外部不确定性急剧上升，企业家智力资本为聚焦长期发展、实现公司价值最大化而设置双层股权结构。②从投资者态度来看，早期怀疑甚至拒绝的态度发生了转变，近些年随着互联网高科技企业的增多和业务模式的日益复杂，公众投资者参与决策的能力和意愿相对越来越低，他们逐渐由怀疑观望转变为心甘情愿接受弱表决权的股票（郑志刚等，2016）。③从公司治理主体间关系来看，管理者与股东从早期监督和代理关系转变为合作共赢关系。股东为管理者充分发挥主观能动性提供舞台，在信任的基础上接受双层股权结构，管理者和股东的关系实现了从非合作博弈到合作博弈的转换。

需要说明的是，尽管表决权差异安排由来已久，但是不能因为其早已存在而否定其目前智力资本掌握控制权的本质和其代表新范式的象征意义。双层股权结构与新范式的关系，可以用黄群慧和贺俊（2013）关于智能制造技术与第三次工业革命的关系进行形象性的解释：今天强调"第三次工业革命"的概念，并不是因为这些基础制造技术刚刚出现（事实上这些技术的发明和工业应用已经历了几十年），而是经过长期的科学探索和技术积累，其技术成熟度和经济成本已经达到了使其在制造领域进行较大规模应用和推广的水平（Wadhwa，2012）。表决权差异安排虽然诞生的历史较久，但正是多年资本市场的孕育和积累，促使它以成熟的姿态发挥智力资本主导公司控制权的作用，成为公司治理新范式的载体之一。

第三节　表决权差异安排与智力资本导向的公司治理

违背同股同权原则的表决权差异安排是传统财务资本导向公司治理范式难以吸纳和解释的异常现象，以创业企业家为代表的智力资本的崛起，逐渐瓦解了财务资本导向公司治理范式的共同信念——资本雇佣劳动，智力资本掌握控制权直击传统范式的内核，同时引领新范式的形成和发展。

一、表决权差异安排的破坏性与建设性

表决权差异安排是集破坏性与建设性于一体的新范式的引领者。破坏性体现在：①对资本雇佣劳动信念的抛弃。数字经济时代财务资本和智力资本在稀缺性、资产专用性、价值创造能力、风险承担等方面的相对地位的转换使得智力资本的博弈能力不断增强，传统的资本雇佣劳动在一定程度上转变为"劳动雇佣资本"或两种资本合作博弈。尊重智力资本并充分激发智力资本能动性和创造性的"以人为本"信念逐渐取代了"资本雇佣劳动"信念。②对财务资本主导地位的颠覆。表决权差异

安排下普通财务资本转变为一般的生产资料，而以创业企业家为代表的智力资本凭借自身的财务资源、知识资源、社会资本、声誉等因素拥有超级表决权股票，以不成比例的方式获得了较多的控制权。③对同股同权原则的否定。表决权差异安排建立在更贴近实际的股东异质性假设的基础上，承认并尊重不同股东的差异性，根据不同股东的投资目的、资源基础、风险承担等因素分配表决权。这不仅是智力资本力量不断崛起的要求，也是数字经济时代下公司治理不可逆转的时代趋势。

表决权差异安排的建设性主要来源于以下特征：①控制权的稳定性。以创业团队为代表的智力资本掌握着控制权，为抵御"野蛮人"提供了屏障，控制权牢牢把握在智力资本手中而免受外来财务资本的干扰。Google在上市时发布的官方声明中提道："我们相信稳定的表决权差异安排可以帮助公司保持独一无二的文化，持续吸引和保留优秀人才。"②智力资本决策的独立性。传统范式下，智力资本需要贯彻财务资本的意图而难以彻底发挥主观能动性，表决权差异安排赋予了智力资本在战略决策上有较大的自主权而独立于财务资本，正如Google创始人拉里·佩奇曾说本公司的表决权差异安排要求投资者对我们的管理团队有足够的确信（Howell，2014），这大大激励了智力资本的专用性投资，对提升公司价值有积极的意义。③聚焦长期发展。表决权差异安排可以帮助公司降低短期股价波动的困扰，减少管理者的短视行为而保持对长远发展的聚焦（Jordan等，2016），为公司愿景的实现以及使命的完成提供有力的保障。表决权差异安排下智力资本掌握公司的控制权，与财务资本合作努力追求公司价值最大化目标。智力资本在表决权差异安排搭建的平台上充分释放主观能动性，奋力把公司做强做大并借以实现理想情怀，财务资本为智力资本发挥创造力而让出必要的空间，并在其创造的更大的"蛋糕"中实现收益权。两种资本各得其所，实现共赢。

二、表决权差异安排的优缺点

1.表决权差异安排的优点

表决权差异安排的优势可以概括为：①为公司带来更多成长的机会。Jordan等（2016）实证研究发现，设置表决权差异安排的公司拥有更高的销售收入增长率和R&D投入，因而表决权差异安排在高成长公司可以显著提高公司价值。②降低公司面临的短期市场压力，促进公司着眼于长期发展目标，减少管理层的短视行为。其一，对于表决权差异安排公司，会有更少的短期机构投资者持股；其二，表决权差异安排公司被接管的可能性更低；其三，注重短期盈利的分析师会对表决权差异安排公司有更少的报道。③鼓励管理者特定人力资本投资。管理层持有的流通性较差的B股将其与公司发展牢牢绑定，管理者与公司发展为休戚与共、同舟共济的关系，管理者在持续经营的前提下对公司发展倾尽全力，提升了其人力资本投入的专用性。④保持独特的企业文化，促进公司使命、愿景和价值观的传承。一方面，控制权的稳定性保护创业企业家创建的企业文化较少被外部干扰，另一方面，为公司使命和愿景竭尽全力的管理者更容易获得B股，反过来促进公司使命和愿景的实现。⑤提升决策效率，以增强公司应对数字经济时代日益加剧的不确定性的灵活性。云经济时代，市场环境的不确定性、复杂性、易变性、模糊性大大增强，公司竞争优势以加速度的方式被创造或侵蚀，因而决策效率至关重要。表决权差异安排下企业家可以根据自身对市场的敏锐判断和洞察尽快做出决策，赢得市场先机。

2. 表决权差异安排的缺点

表决权差异安排自身也存在一些劣势，需要市场监管机构和公司治理制度设计机构加以注意和防范。①控制权市场对表决权差异安排公司失效，如何加强对管理层的监督值得关注。尽管表决权差异安排通过限制B股流通来保持管理层与股东的利益一致度，但是仍然需要防范管理层道德风险和机会主义行为。②一些表决权差异安排公司财务报告的及时性差（Khurana等，2013），尤其是在承认一些坏消息的时候不是很及时。这一点需要监管部门进行督促甚至制定强制性措施加以提高信息透明度，从而保护外部股东的利益。

表决权差异安排的核心是"超级表决权"，创业企业家凭借超级表决权掌握控制权，既可以提升决策的独立性和效率，又可以减弱外部财务资本的干扰，为贯彻企业使命和愿景提供良好的环境。超级表决权在一定程度上依附于创业企业家的才能、知识、战略眼光、关系资源等要素，因而对超级表决权的管理和监督难度较大，而这是表决权差异安排"扬长避短"的关键，是监督机构对表决权差异安排公司监管的着眼点。①限制超级表决权的转让。超级表决权依附于拥有企业家精神的个体，因而不能随意转让。正如百度、Google等公司所规定的，若创始人团队持有的B股一旦出售，则自动转化为普通股A股，超级表决权不复存在。②关注超级表决权的适用范围。超级表决权在任何事务、任何领域都适用还是具有特定的适用范围，一方面取决于公司内部的博弈和自治，另一方面监管部门可以进行积极引导，如在涉及普通股东切身利益的决策中，根据具体问题具体分析的原则设计表决权分配机制。③超级表决权的传承。超级表决权的传承是表决权差异安排摆脱对创始人的个人依赖、持续发挥优势并为公司创造价值的关键。创始人或创业团队终会退休，如何将超级表决权交给公司使命和愿景的传承人是表决权差异安排不可回避的问题。总的来看，表决权差异安排在具有高度不确定性的行业如互联网、新媒体、家族企业以及声誉很高的创始人或管理者经营的企业中较为常见，新经济的发展将迎来表决权差异安排的下一个蓬勃发展期。

第四节　制度变迁视角下的表决权差异安排

从单一股权结构到表决权差异安排不仅是从同股同权到同股不同权的制度变迁，更是财务资本与智力资本相对地位的转变。诺斯的制度变迁理论为探寻表决权差异安排的本质及公司治理制度的发展规律提供了新的洞见。

一、制度变迁理论的核心思想

诺贝尔经济学奖获得者道格拉斯·诺斯是制度变迁理论的集大成者。根据诺斯的制度变迁理论，制度变迁的主角是企业家，制度变迁的源泉——相对价格的变化使企业家意识到改变现有的制度有利可图，当企业家拥有充分的谈判力量时，便有可能重构制度。大致的制度变迁过程如图7-1所示。制度变迁过程中，诺斯强调意识形态和谈判力量的重要性。关于意识形态，诺斯指出当相对价格的变化使交换的一方或双方感知到改变现有制度能使一方甚至双方的处境得到改善，就制度进行再次协商和设计的企图就出现了。当人们表达自身价值观和利益诉求的价格较低时，这种价值观和利益诉求会成为影响制度变迁的重要因素，反之则影响较小。关于谈判力量，诺斯指出影响制度稳定或变迁的关键因素是各方的谈判力量。制度稳定的可能原因在于即使一项制度对一些人来说不够理想，而对其他人来说是有效率的，而后者拥有更强大的谈判能力。只有当制度的改变对那些拥有充分谈判能力的人是有利可图的时候，正式制度框架才可能发生重大变化。

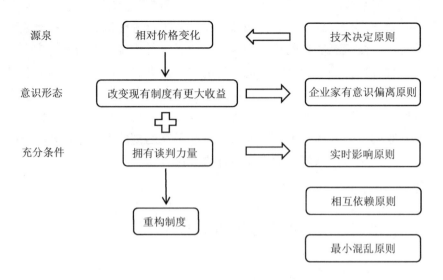

图7-1 诺斯制度变迁过程示意图

二、从单一股权结构到双层股权结构

从财务资本占据主导地位的单一股权结构到智力资本占据主导地位的双层股权结构，其制度变迁的源泉是相对价格的变化——激发智力资本能动性和创造性比监督和防范智力资本更能促进公司价值最大化。在传统委托代理关系下，公司治理强调对"内部人控制"的防范和对管理层的监督，通过治理结构和机制的设计对权力进行制衡，通过降低管理层机会主义和道德风险来降低代理成本、确保股东利益。随着时代发展，外部不确定性日益提升，企业面临的主要矛盾从内部矛盾转化为外部矛盾，在风起云涌的市场环境中抓住机遇、占领风口、描绘愿景日益依赖企业家的前瞻能力、洞察能力和决策能力。在信任的基础上支持智力资本发挥主观能动性才有利于公司价值最大化目标的实现，进而保障股东的利益。一方面，企业家需要表决权差异安排赋予的丰富和独立的空间，另一方面，股东意识到唯有信任和放权才有利于自身目标的实现。科技进步是该相对价格变化的根本原因，不仅加剧了市场的不确定性和竞争程度，还提升了智力资本对价值创造的重要作用。

1. 意识形态转变：企业家有意识地偏离

鉴于相对价格的变化，企业家意识到对一股一票原则的偏离有利可图，表决权差异安排的出现为企业家践行自身价值观和信念提供了路径选择。相对价格的变化不仅影响了企业家的意识形态，也逐渐渗透到公众和社会中。投资者对表决权差异安排的接纳和证券交易所的包容态度进一步降低了企业家为实践自身意识形态付出的成本，促进了表决权差异安排的发展。若证券交易所对表决权差异安排持绝对的否定态度，公众投资者也不愿购买其股票，那么企业家表达自身价值观和利益诉求，即实施表决权差异安排的成本是极高的，从而难以撼动传统制度的根基。在意识形态转变的过程中，企业家是先行者和领导者，公众的接受度是渐进且不均匀的，监管机构的态度是审慎甚至是一度拒绝的。企业家应意识到制度变迁过程中阻力的难以避免性，同时积极施加实时影响，促进社会意识形态的转变，以推进制度变迁的进程。

2. 制度变迁的充分条件：企业家谈判力量增强

自始至终公司治理的运行牢牢围绕财务资本和智力资本的博弈。工业经济时代，具有较高稀缺性、资产专用性、风险承担能力的财务资本拥有较强的谈判力，然而数字经济时代多层次资本市场的发展降低了财务资本的稀缺性、资产专用性和风险承担能力。科技的进步和市场竞争程度的加剧提升了智力资本的稀缺性，对公司的"心理所有权"和价值观的传承提升了智力资本的专用性资产投入和风险承担能力，智力资本的价值创造能力也逐渐得到认可。两种资本在稀缺性、资产专用性和风险承担能力等方面的相对变化提升了智力资本的谈判能力，智力资本在表决权差异安排的制度选择和实施过程中逐渐占据主动权。基于智力资本的声誉、社会资本、专业能力等因素，财务资本在信任与合作的基础上逐渐接受了表决权差异安排。

3. 制度变迁与路径依赖

面对正式制度的变化，文化特征的持续性使得非正式约束与正式制度的变迁并不同步，一时难以改变的非正式约束与调整后的正式制度之间可能会存在一段时间的紧张关系，此时更需要坚定信念。在我国，同股同权原则深入人心，创业企业家掌握控制权甚至被视为"人治"，而股权与表决权不成比例的表决权差异安排也被视为国外发达资本市场的产物。2013年香港联交所因为阿里巴巴合伙人制度违背其一贯奉行的同股同权原则而拒绝其上市请求，反映出传统财务资本导向公司治理范式的巨大惯性与路径依赖的特征。然而数字经济时代的洪流奔袭而来，我国证券交易所已经错过了阿里巴巴、京东、百度等卓越企业。随着大数据、云计算等云技术的蓬勃发展，新一代新型创业企业正在快速成长。为了不错过一代新型创业企业，2017年12月香港联交所在巨大的舆论压力下开展了大刀阔斧的改革，宣布接纳"同股不同权"的新经济公司在主板上市。尽管同股同权的路径依赖特征明显，但是制度变迁的时代潮流势不可挡，我国证券交易所应当认真探讨适合未来企业成长的监管环境，改革之路任重而道远。

表决权差异安排源于企业家对同股同权原则的有意识偏离，敌意收购浪潮凸显了表决权差异安排的优势，也推动了表决权差异安排在越来越多的企业"落地开花"。理论研究过程中，学术界对同股同权原则背后的股东同质性假设开始质疑，股东异质性特征逐渐显著，表决权差异安排的理论基础和逻辑逐渐成立并得到学术界的认可。尽管曾经饱受公众非议和证券交易所排斥，但是表决权差异安排作为一种公司治理制度仍存活了下来。表决权差异安排在敌意收购浪潮之后超脱反收购的工具属性，并在数字经济时代的洪流中迸发了活力，迎来了新的丰盛时期。数字经济时代，竞争环境的不确定性、模糊性、变动性日益加剧，公司决策和长远发展依赖于创业企业家的才能、创新和战略。外部资本市场风起云涌，设置表决权差异安排以减弱外部财务资本的干扰，为贯彻企业家愿景和价值观提供稳定的环境，为企业家充分发挥主观能动性以灵活应对外部不确定性的新型创业企业日益增多，如小米、美团等，这些公司冲破了坚固的同股同权大门，引领着智力资本导向公司治理范式的到来。

三、表决权差异安排的案例

目前，以表决权差异安排为特征的公司治理案例已经较为常见，国内外资本市场均存在很多知名公司采用了这种公司治理形式。

Google公司于2004年8月19日携双层股权结构在纳斯达克证券交易所上市，公司设计的A股与B股表决权比例为1：10。拥有特别表决权的B股由创始人谢尔盖·布林、拉里·佩奇和前首席执行官埃里克·施密特三人持有，表决权共计超过50%。之所以选择双层股权结构，Google公司的创始人认为双层股权结构符合Google上市时的管理经营理念，可以在一定程度上减少公司受外部资本的干扰，公司的发展具有更多灵活性。

Facebook公司创建于2004年，随着多轮系列融资，扎克伯格控制权逐渐稀释，2009年Facebook进行了双层股权结构改革，A股与B股的表决权比例为1：10，扎克伯格通过持有双层股权结构的B股和表决权代理协议获得了超过50%的表决权，将公司控制权牢牢掌握在自己手中。

百度公司于2005年8月5日在纳斯达克证券交易所上市，是我国首家携双层股权结构赴海外上市的企业，A股与B股表决权比例为1：10，李彦宏和徐勇通过持有34%的B股掌握了超过50%的表决权。李彦宏等希望通过牢牢掌握控制权在公司上市后贯彻其经营理念，减弱外部财务资本的干扰。百度招股说明书中指出，若B股一旦出售，则自动转化为普通股A股，而A股不可以转化为B股。若李彦宏等高管团队持有的B股比例低于5%，则所有的B股自动转化为A股，且日后也不再发行B股。

奥比中光科技公司是一家行业领先的3D视觉感知整体技术方案提供商，该公司于2022年7月7日在上海证券交易所科创板上市。公司创业者黄源浩直接持有30.25%的股份，另外通过其他公司合计持有9.45%的股份，总计持股比例达39.7%。该公司每份A类股份的表决权为每份B类股份表决权数量的5倍，其他股东权利完全相同，据此，黄源浩拥有奥比中光68.6%的表决权。

第八章　阿里巴巴合伙人制度

2014年9月19日，阿里巴巴在美国纽约证券交易所成功上市，举世瞩目。事实上由于阿里巴巴创始人团队推出的合伙人制度违背了同股同权原则，一度被香港联交所拒绝进行IPO。合伙人制度的核心是合伙人团队基于少量股份便可以享有提名半数以上董事的"董事提名权"，其实质是智力资本绕开股权掌握了控制权，是智力资本导向公司治理制度的又一具体形式。

第一节　阿里巴巴合伙人制度的内涵

一、阿里巴巴合伙人制度的产生

1999年，以马云为首，包括蔡崇信、彭蕾、戴珊在内的18个青年人创立了阿里巴巴，并在短短十几年内发展成为全球知名的大型互联网公司。2014年9月19日，阿里巴巴在纽约证券交易所挂牌交易，成为我国体量最大的互联网公司，同时成为当年全世界首次公开募股融资额最高的企业。阿里巴巴曾在2013年被香港联交所拒绝上市，原因在于阿里巴巴合伙人制度与香港联交所一贯奉行的"同股同权"原则相违背。

阿里巴巴合伙人制度中的"合伙人"跟我国企业组织形式中的合伙概念截然不同。《合伙企业法》中的合伙企业是指相对于独资企业而言的两个以上自然人、法人共同经营从而共担风险、共享收益的一种企业组织形式。阿里巴巴的合伙人制度是一种公司治理制度的创新，赋予合伙人委员会以少量股份便可以取得公司控制权。

合伙人委员会是合伙人制度中的关键角色，其权力既包括进行合伙人的选举、控制合伙人的进入，又包括对合伙人的日常行为进行管理和监督，直至对具有不当行为的合伙人进行纠正和惩罚。作为一种新的公司治理形式，阿里巴巴合伙人制度对董事提名权的治理结构安排，可以绕开股权这个"媒介"，以制度为依据，选择作为决策中心和管控者的董事会的半数以上成员，从而决定着公司的发展路径和总体规划，这与智力资本导向公司治理的特征是高度一致的。

二、阿里巴巴合伙人制度的主要模块

2010年10月，阿里巴巴正式创建了合伙人制度，以传承企业使命、愿景和价值观。合伙人制度的核心是合伙人委员会，其主要职责包括：审核新合伙人的提名并安排其选举事宜；推荐并提名董事人选；将薪酬委员会分配给合伙人的年度现金红利进行分配。委员会委员每届任期三年，可连选连任。合伙人不是拥有特权的固定团队，而是通过明确且严格的进入机制和退出机制，确保合伙人团队的企业家精神以及持续地"在企业家状态"。

1.合伙人的进入机制

关于合伙人的进入机制，要成为合伙人要满足以下四个条件：

①持有公司股份，这一点将管理者与股东进行利益捆绑，管理者不再单纯是所有者要监督和防范的对象，持股的管理者会帮助利益相关者创造更多的价值。

②在公司或关联公司工作五年以上，这一点将保证公司有足够的时间来考察一个人的能力、品行以及其价值取向是否与合伙人团队一致。

③对公司发展有过积极贡献，这一要求使得合伙人的选择在透明化的"量才用人"规则下进行，表明合伙人这一职位是不能世袭罔替的。

④高度认同公司文化，愿意为公司使命、愿景和价值观竭尽全力。合伙人制度的初衷是控制公司的人一定要传承企业文化和价值观，阿里巴巴对使命、愿景和价值观的重视是合伙人制度设立的重要原因。

在满足上述条件的基础上，由现有合伙人提名、投票并得到合伙人委员会确认，才能成为合伙人委员会的一员。

2.合伙人的退出机制

合伙人的退出大致有以下几种情形：60岁自动退休；死亡或丧失行为能力；离开阿里巴巴集团；自动选择退出以及因为不再符合合伙人条件而被合伙人会议50%以上除名。合伙人的退出机制，尤其是60岁自动退休这一规定说明公司不是掌握在个别人手中，而是掌握在一个流动的有共同目标的团队手中，反映了合伙人管理的民主性与科学性。

这种进退机制（如图8-1）一方面可以为员工提供上升通道，激发下层管理者的工作热情，另一方面也为推动公司与时俱进、业务拓展和长期发展提供了管理层不断更新的基础。

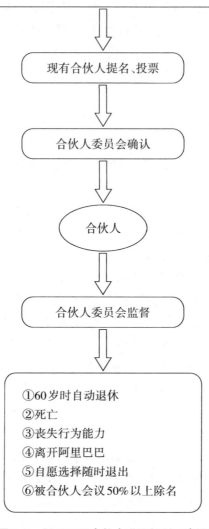

①持有公司股份
②在公司或关联公司工作五年以上
③对公司的发展有过积极贡献
④高度认同公司文化,愿意为公司使命、远景和价值观竭尽全力

现有合伙人提名、投票

合伙人委员会确认

合伙人

合伙人委员会监督

①60岁时自动退休
②死亡
③丧失行为能力
④离开阿里巴巴
⑤自愿选择随时退出
⑥被合伙人会议50%以上除名

图8-1　阿里巴巴合伙人进退机制示意图

3. 合伙人的权利与义务

阿里巴巴合伙人享受的权利包括奖金分配权和董事提名权。招股说明书显示合伙人可以享受一年一度的奖金分配,但是这与一般的股东分红性质截然不同。股东分配红利往往是从税后利润中予以分配,而该奖

金则会在税前列支，具有费用性质。

合伙人制度的核心是董事提名权。虽然合伙人均持股，但股份一般极少。基于少量股权可以提名董事会中半数以上席位，这与之前所有的公司治理制度均不相同，属于全新的治理机制。当然，合伙人提名之后还需要经过股东大会批准，若未得到批准，合伙人可以指定人选暂时担任董事直至下次股东大会。阿里巴巴上市后有9名执行董事，合伙人制度意味着合伙人可以提名至少5个席位。从结果看，合伙人委员会可以通过控制董事会决定公司的发展方向，从而实现智力资本主导公司治理。

合伙人制度也设计了相应的约束机制，即合伙人的收益权受到股份减持限制，体现了权利和义务的相辅相成。合伙人制度规定，成员在任职期间不得随意抛售自己持有的股票，且必须持有上任前股票的60%以上，任职期满后三年内减持不得超过上任前股票的60%。虽然合伙人制度在理论上能够防止短视行为，但对于成员个人而言，仍然存在着产生逆向选择的可能，约束机制可以有效减少合伙人的道德风险。合伙人制度的另一优势在于，成员的权利并不是一项特权，而是与个人的业绩表现、价值贡献、健康状况等条件密切相连，在一定的条件下需要调整，这种动态性为合伙人委员会内部动态监管和自我更新提供了运行机制。

阿里巴巴将合伙人分为三种，即普通合伙人、永久合伙人和荣誉合伙人。普通合伙人享有合伙人权利并要履行相应义务，离开阿里巴巴集团就意味着自动退出合伙人团队，且一般60岁要自动退休，永久合伙人没有上述约束，这是其特殊性的一面。目前仅有马云和蔡崇信两人为永久合伙人。荣誉合伙人由合伙人委员会选举出来，参选范围是已经退休的合伙人，目的是为忠诚于阿里巴巴直到退休的合伙人提供荣誉激励。

第二节　阿里巴巴合伙人制度的分析

阿里巴巴合伙人制度一经公布，特别是被香港联交所以违背"同股同权"原则为由拒绝接纳上市，便在学术界引起轩然大波。有学者认为阿里巴巴合伙人制度"离经叛道"，存在治理逻辑缺陷；有学者认为阿里巴巴合伙人制度是公司治理领域的重大创新，具有示范意义和启发意义。学术界众说纷纭，本书将在此基础上深入探讨阿里巴巴合伙人团队的动因和依据，分析阿里巴巴合伙人制度诞生的必然性与应然性。

一、阿里巴巴合伙人制度的破窗效应

阿里巴巴合伙人制度象征着数字经济时代优秀企业家对控制权的需求与锁定，这是一种开创性的公司治理方式，其对资本市场和学术领域产生了显著的影响，促使人们更深层次地思考，在保护利益相关者利益方面，同股同权一定是最公平公正的原则吗？

香港证券交易所在错过阿里巴巴之后一直在进行反思，创新型公司相比传统公司在公司治理问题上为什么普遍存在打破同股同权的诉求，进一步的问题是，创始人团队掌握控制权与投资者利益保护是水火不相容的天然矛盾吗？当下一个"阿里巴巴"申请上市时，港交所该拒绝还是接受？反思之后的港交所意识到阿里巴巴合伙人制度并非个例，而是代表一个公司治理新时代的到来。为了不错过新经济公司，港交所于2017年12月15日宣布修订创业板及主板上市规则，允许携同股不同权制度的公司上市，并在2018年迎来了具有表决权差异制度安排的小米、美团等优秀企业登陆资本市场。

阿里巴巴合伙人制度破坏了同股同权的坚硬壁垒，让投资者看到同股不同权与投资者利益保护二者兼容的可能。同时阿里巴巴合伙人制度是智力资本"浮出水面"的探路者，为其他企业设计和运用智力资本导向公司治理制度起到了巨大的示范效应，智力资本掌握公司控制权成为势不可挡的历史趋势。港交所顺应时代潮流，积极拥抱时代变化，不仅是提高证券交易所竞争力的需要，还是顺应市场和企业自发需求的理性选择。

二、阿里巴巴合伙人团队掌握控制权的动因

1. 传承使命、愿景和价值观

阿里巴巴设置合伙人制度的初衷是希望由愿意为公司使命、愿景和价值观竭尽全力的人来管理公司。然而在传统的同股同权原则下，无论是内部大股东还是难以防御的外部"野蛮人"，都可以依据较多股权掌握控制权，这难以实现合伙人团队的初衷。数字经济时代，企业文化尤其是使命、愿景和价值观对企业的成长和发展至关重要。阿里巴巴在香港上市失败后马云公开表示："我们不在乎在哪里上市，但我们在乎我们上市的地方，必须支持这种开放、创新、承担责任和推崇长期发展的文化。"阿里巴巴的使命是让天下没有难做的生意，旨在构建未来的商务生态系统，愿景是让客户相会、工作和生活在阿里巴巴，并持续发展最少

一百零二年，也就是至少要横跨3个世纪。在同股同权原则下，公司控制权很容易被大股东掌握，对公司业务模式不熟悉、专业胜任能力不强的股东难以促进公司发展，更难以传承使命、愿景和价值观。

2. 前车之鉴——控制权稳定性的重要性

在财务资本导向范式下，同股同权原则使得创业者的权威和权力在资本面前毫无抵抗力，优秀的企业家被财务资本驱逐、公司发展受到财务资本干扰的前车之鉴，使得合伙人团队基于智力资本掌握控制权成为必要。在国外，苹果公司曾经将创业者乔布斯踢出门外，思科公司创始人莱昂和桑德拉在董事会的压力下纷纷出局，为高朋网构建清晰盈利模式的创始人梅森离职，等等。在国内，曾在中国市场叱咤风云超过70%软饮市场份额的健力宝最终被资本力量扼杀，一手把新浪培育成全球最大门户网站的创业者王志东因其发展理念不被董事会认同而被扫地出门，南玻集团创始人兼董事长曾南被宝能系"逼宫"，我国优秀标杆企业万科、格力、伊利频频遭遇"野蛮人"入侵等。诸多的实例表明了控制权稳定性对公司经营管理的必要性。而且，创业企业家往往对公司拥有"心理所有权"，不希望创业果实被他人收获，阿里巴巴亦是如此，因而突破同股同权原则成为必然。

3. 后事之师——控制权旁落危机

阿里巴巴的高速成长离不开多轮系列融资。在1999年到2004年，以马云为首的创始人团队一直是第一大股东，但是股权在融资过程中被稀释到了50%以下，控制权旁落开始成为创始人团队顾虑的问题。2005年雅虎入股阿里，到2010年10月雅虎的投票权从35%上升至39%，而马云及其创业团队的投票权则由35.7%跌落至31.7%（昝新明、郭秀存，2016），合伙人团队的控制权受到极大的影响。2011年到2014年，合伙人团队为了重新获得控制权而费尽周折地采取了员工持股、"长征计划"等措施。即将上市的阿里巴巴必然面临控制权被稀释的问题，为了把控制权牢牢掌握在合伙人团队手中，合伙人制度应运而生。由愿意为公司使命、愿景和价值观竭尽全力的合伙人通过制度决定控制权归属，能够有效避免外来资本的实质性干扰。

三、阿里巴巴合伙人团队掌握控制权的依据

突破"同股同权"原则，以制度的方式保障合伙人拥有控制权归属的超级权力，在理论上需要论证，本书对此做一分析。

1.时间维度分析

创业团队是"最懂"创业企业管理的人。从发展历史来看，以马云为首的创业团队是阿里巴巴自创业以来不断发展壮大的决定力量，其创新精神、风险管理能力、对互联网领域的早期洞察力以及高瞻远瞩的决策，体现了智力资本在价值创造中的关键作用。阿里巴巴陆续开发了淘宝、聚划算、天猫网上商城等电商项目，成长为中国最大的互联网企业之一，引导社会消费方式从实体经济向网络经济变革，促使中国商业领域实现快速数字化转型。

从未来发展看，阿里巴巴生态系统不断扩大，其管理的难度和复杂程度远远超过常人的认知。要想企业能够长期持续发展，必须抛弃短视行为，而财务资本逐利的本性与阿里巴巴的长期目标是相悖的，"最懂"阿里巴巴的智力资本掌握控制权，才能够保障公司长期价值目标的实现。阿里巴巴合伙人制度的合理性在于，对价值创造机制中最为关键的要素——保持企业家状态的企业家，给予了最大程度的尊重，当然，这种制度也保留了对财务资本追逐利益的充分尊重，即不伤害股东的收益权。

2.主导地位分析

从以创业企业家为代表的智力资本在公司治理中日益显著的主导优势来看，阿里巴巴合伙人团队基于自身稀缺性、价值贡献度、要素非流动性、短视行为规避性、不确定性处理能力等要素在公司治理和价值创造中占据日益关键的地位，财务资本的重要性日益减弱。

第一，从稀缺性的角度来看，通常稀缺性高的一方在博弈中的谈判能力较强，在工业经济时代，企业竞争力主要来源于引进机器设备和生产线，所需的劳动力只需具备简单操作的知识即可，所以掌握了相对稀缺的财务资本的"资本家"拥有绝对的话语权和剩余控制权。现在随着生产力水平的提高、经济的发展以及资金融通方式的日益丰富，财务资本越来越充裕，而能应对并处理日益加剧的不确定性的企业家才能则相对稀缺，呈现出财务资本追逐优秀企业家的局面，王明夫（2003）指出，在现代经济中企业家才能的稀缺性决定了企业家在与资本的博弈中拥有显著优势。

第二，从对企业价值的贡献度来看，传统工业经济时代，财务资本在价值创造中发挥着关键作用，但是在如今的互联网经济时代，掌握了核心技术的创业企业家在公司运营和盈利能力方面贡献更大，就连拒绝了阿里巴巴上市请求的香港联交所行政总裁李小加也承认"创始人的伟大梦想和创意成就了创新型公司，也成了公司最重要的核心资产"①。所以按照巴泽尔（1997）提出的最能影响企业资产价值变化的人应该获得控制权这一标准，以创业企业家为代表的智力资本"当仁不让"。

第三，根据费茨罗和穆勒（1984）提出的要素非流动性程度高的人应该获得控制权的标准，工业经济时代由于财务资本一旦进入企业便形成机器、设备等固定资产，资产所有者无法对其进行任意处置，为了避免非流动性强的财务资本被"敲竹杠"，让其拥有剩余控制权和剩余索取权有助于契约达成。但是随着多层次资本市场的发展为财务资本的进入和退出提供了便利，股东随时可以"用脚投票"，财务资本的非流动性大大减弱，而创业企业家基于"心理所有权"，对于自己所创立的企业难以割舍，一般不会轻易离开，所以从非流动性角度来看，财务资本应该让渡控制权，创业企业家应该掌握控制权。

第四，从短视行为规避性角度来看，在传统范式下，更容易出现的现象是管理层可能会为保护其职位而放弃投资一些风险较大但很可能对股东有利的项目，或出现"投资短视"行为（Hirshlei、Thakor，1994）。职业经理人的薪酬普遍与绩效挂钩的特点，也会使职业经理人着眼于眼前利益。但是在当今时代，股东在面临公司经营危机的时候，往往会卖掉股票而不是积极主动改善经营管理，股东日益显著的"暂时化"特征（王明夫，2003），使其很难为实现企业价值最大化而努力，而众多的创业企业家则会静下心来思考管理，从而进行价值创造。不论是阿里巴巴要求合伙人必须满足"愿意为公司使命、愿景和价值观竭尽全力"这一标准，还是任正非不想上市的顾虑之一是怕外来资本的进入打乱华为还没完全理顺的管理，这些都反映出创业企业家对于价值最大化的追求，所以着眼于公司长远发展的创业企业家应该掌握控制权。

第五，Knight（1921）认为企业的管理权限应该与处理不确定性的能力相匹配，处理不确定性能力强的人应该获得控制权。随着市场竞争的日益复杂和社会的瞬息万变，企业面临的不确定性大大增强，而企业家的首要职能便是面对不确定性时决定做什么以及怎样做，所以根据奈特的思想，创业企业家应该掌握控制权。

综上所述，传统财务资本占主导地位以及掌握控制权的理论基础和现实基础正在发生着改变，创业企业家的主导地位日渐突显。在思考如

---

① 参见李小加：《股权结构八问八答》，2015 年 1 月 20 日，http://roll.sohu.com/20131024/n388867673.shtml。

何构建以智力资本为中心的公司治理范式的过程中，既要承认以创业企业家为代表的智力资本的主导地位，又要从合作博弈的视角去看待智力资本与财务资本之间的关系，创业企业家空凭一腔热血和激情而缺乏资金的支持也难以构建实现理想的企业平台，同样物质资本缺乏创业企业家的价值创造和创新活动也难以实现增值，所以唯有智力资本与财务资本相互支撑、协同运行才能实现合作共赢。

3. 控制权角度分析

控制权自 Berle 和 Means（1932）提出所有权和经营权分离理论以来，一直吸引着学术界的研究兴趣并逐渐成为公司治理的核心问题。对控制权的研究始于契约不完全视角，Aghion 和 Tirole（1997）认为控制权是对契约中未尽事宜的决策权。当视角转移到复杂多层级的股权结构中，La Porta 等（1999）认为控制权是以直接或间接的方式持有最大比例股份的终极股东拥有的实际控制权，即高闯、关鑫（2008）定义的"股权控制链"。后来社会学中资源配置和制度安排视角激活了对权力的研究，在此基础上高闯和关鑫（2008）以"社会资本控制链"研究社会资本对控制权的影响，朱国泓、杜兴强（2010）将权威视为控制权的来源之一，王春艳等（2016）从财务资源、知识资源、社会资源以及制度安排的视角对创始人控制权进行了案例研究。从控制权的研究发展历程可以发现：①控制权单纯来源于所有权的逻辑已经改变，权威、知识资源、社会资本、制度安排等丰富了控制权的来源；②对控制权的分析应该坚持实质重于形式的原则；③控制权是公司治理的核心和焦点。以马云为首的合伙人团队极高的声誉、专业胜任能力、强大的社会资本有目共睹，在价值创造中发挥了不可替代的作用。

创始人或创业团队掌握控制权对公司业绩的积极影响得到一些研究的证实，胡波、王骜然（2016）对互联网企业创始人掌握控制权与公司业绩之间的关系做了实证研究，结果表明创始人担任CEO对企业创新有正向影响，并且创始人CEO掌握控制权对互联网企业的长期业绩具有正向的促进作用。徐炜、王超（2016）通过对我国2008年到2010年IPO的民营高科技公司的实证分析发现，创始人掌握经营控制权有利于提高民营高科技上市公司的业绩水平，并能有效抑制公司业绩波动。阿里巴巴合伙人制度这一结构化制度安排有助于控制权始终掌握在具有合伙人精神，在企业家状态，为公司的使命、愿景及价值观竭尽全力的团队手中，同时将基于个人的、不稳定的控制上升为基于规章制度的、稳定的控制。

第三节　合伙人制度评价

合伙人制度不仅强调企业家精神、文化驱动与自我驱动，还以颠覆者的姿态对公司治理领域带来破坏式创新，并发挥了较强的示范作用。

一、阿里巴巴合伙人制度的评价

1.引领数字经济时代的企业家精神

近年来，高速发展的互联网时代催生了大量创业企业，Google、Facebook、阿里巴巴、百度、腾讯、京东、华为等作为典型代表，扎克伯格、马云、李彦宏、马化腾、刘强东、任正非等优秀的创业企业家也备受瞩目。显然，这些创业企业家不同于传统意义上的受所有者委托、"代行"经营管理权并受制于所有者的职业经理人。关于企业家的定义，Brockhaus（1981）认为创业企业家是一位有愿景、会利用机会、有强烈企图心的人，愿意承担起一项新事业，组织经营团队，筹措所需资金，并承担全部或大部分风险的人。贺小刚、沈瑜（2008）指出，企业家的抱负水平包括机会的寻找、承诺的执着以及对机会的不懈追求。正如我们在现实生活中感受到的：企业家的顽强毅力、高瞻远瞩和抱负理想在企业成长过程中起到了强大而不可替代的作用。若是马云创业时面对其他人的强烈反对而失去对互联网这一创业机会的执着坚持，那么我们则很难看到阿里巴巴所带来的消费方式和支付方式的革命性改变。阿里巴巴合伙人制度以制度安排的形式保护和激发着企业家精神。一方面，阿里巴巴合伙人制度为企业家发挥主动性和创造性拓展了空间，保持了企业家控制权的稳定性，减轻企业家关于"内耗"的后顾之忧，从而专心应对外部市场的不确定性。另一方面，阿里巴巴合伙人制度对企业家精神的推崇有助于激发其他管理层的企业家精神，促进公司全员为长远发展目标而不懈奋斗。

2.强调文化驱动和自我驱动

传承阿里巴巴使命、愿景和价值观（如表8-1）是合伙人制度设立的初衷，高度认同公司文化，愿意为公司使命、愿景和价值观竭尽全力是进入合伙人团队的必要条件。数字经济时代，随着员工工作自主性和独立性程度的提高，一部分人逐渐从自管理者转变为合伙人身份的自创业者（李海舰、朱芳芳，2017）。企业团队协作和凝聚力的提升也日益依赖企业文化、心理认同等"软"因素。阿里巴巴合伙人制度通过文化驱动增强员工的向心力，以宏伟的发展图景激励员工的奋斗精神和自我驱动力，为企业价值创造和使命愿景的实现提供强有力的文化保障。

表8-1　阿里巴巴的使命、愿景和价值观说明表

阿里巴巴的使命	让天下没有难做的生意 ◇ 赋能企业改变营销、销售和经营的方式,提升企业效率
阿里巴巴的愿景	构建未来的商务生态系统,让客户相会、工作和生活在阿里巴巴,并持续发展最少一百零二年 ◇ 相会在阿里巴巴:赋能数以亿计的用户之间、消费者与商家之间、各企业之间的日常商业和社交互动 ◇ 工作在阿里巴巴:向客户提供商业基础设施和新技术,共享阿里生态系统的价值 ◇ 生活在阿里巴巴:拓展产品和服务范畴,让阿里巴巴成为客户日常生活的重要部分 ◇ 一百零二年:阿里巴巴集团要横跨3个世纪,让文化、商业模式和系统都经得起时间的考验,得以持续发展
阿里巴巴的价值观	客户第一:客户是衣食父母 团队合作:共享共担,平凡人做非凡事 拥抱变化:迎接变化,勇于创新 诚信:诚实正直,言行坦荡 激情:乐观向上,永不言弃 敬业:专业执着,精益求精

3. 破坏性与创新性

与表决权差异安排类似，阿里巴巴合伙人制度也是集破坏性与创新性于一体的新范式的引领者。破坏性体现在：①对同股同权原则的突破，合伙人团队通过制度安排获得了与自身股权不成比例的表决权，并在实质上获得了公司的控制权。②对资本雇佣劳动信念的动摇，合伙人制度不仅实现了股东与合伙人团队从监督约束到信任合作关系的转变，还促进了财务资本与智力资本的协同运行。③对财务资本主导地位的颠覆，阿里巴巴合伙人制度允许智力资本作为公司发展的"掌舵人"，充分激发智力资本的创造力和创新精神。创新性体现在：①以进退机制永葆合伙人团队的企业家精神。拥有半数以上董事提名权的不是特定合伙人组成的团队，而是经过层层筛选、新陈代谢形成的"在企业家状态"的不特定群体，以保证智力资本的与时俱进性。②以巧妙的制度安排保持控制

权的稳定性。没有完全照搬表决权差异安排，而是汲取东西方管理智慧创造性提出合伙人制度，帮助公司抵御外部财务资本干扰的同时拓展智力资本的发挥空间。③实现了财务资本与智力资本的合作共赢。阿里巴巴合伙人制度中合伙团队不是被股东严格监督和约束的对象，也没有被错综复杂的公司治理结构和机制所束缚，而是呈现出了管理层与股东相互信任、相互尊重、互惠共赢的良好关系，使其他公司看到公司治理的另一种美好图景。

4. 引领性与蔓延性

在阿里巴巴合伙人制度引领的"合伙人"风潮下，包括复星、龙湖地产在内的优秀企业也开始构建拥有企业家精神的合伙人团队作为公司使命和战略的实践者。2017年，龙湖地产推出合伙人制度，以打造"有企业家精神的核心群体"。与阿里巴巴合伙人制度类似，龙湖合伙人分为四类：永久合伙人（在任CEO）、长期合伙人、高级合伙人和正式合伙人。合伙人由层层投票产生，每届任期三年，随其业绩表现、价值观传承等因素而进退合伙人群体。龙湖合伙人制度不只为吸引和保持卓越领导者，也为更好地传承公司的使命和企业文化。强调文化驱动和自我驱动的表决权差异安排和阿里巴巴合伙人制度是目前公司治理处于混沌时期出现的可供选择的新制度，而且这些新制度正在被越来越多的公司所采用或效仿，智力资本导向公司治理范式逐渐形成。曾经拒绝阿里巴巴上市请求的香港联交所意识到智力资本控制权的重要意义与潮流的不可逆性，于2017年12月15日宣布接纳"不同投票权架构"的新经济公司在主板上市，体现出对传统公司治理范式的反思以及对新范式的接纳。随着越来越多的证券交易所为新范式敞开大门，越来越多的新型创业企业携新型制度IPO，新范式将逐渐取代传统范式。

二、万科事业合伙人制度的评价

1. 万科事业合伙人制度的特点

万科的事业合伙人制度与阿里巴巴的有所不同，其特点是管理层通过增持股份成为公司股东，以增强员工参与感并加强管理层的控制权。从2014年起，万科要求项目管理人员和公司一起投资，项目所在一线公司的管理人员也要一起投资成为项目合伙人，这项措施被称为"项目跟投制度"。万科的做法有助于激发员工的积极性和创造性，有助于员工与股东之间信任的建立和维护。2014年4月万科召开的合伙人创始大会上，超过1000位员工成为第一批万科事业合伙人，其中有8名高管。

万科事业合伙人制度仍然是通过股份这个"媒介"来体现智力资本的价值和作用的，同时还可以实现另外两个功能。一是可以防止公司被恶意收购者"敲门"。由于万科股权结构分散，易被恶意收购，"宝万之争"也说明了这一点，即收购行为导致恶意收购者成为第一大股东，万科事业合伙人制度可以对大股东的控制权进行干扰。但事实上，这种干扰在"同股同权"的原则下作用不够显著。

二是万科的合伙人制度有利于减少员工频繁流动，能够起到增强员工忠诚度的作用。仅靠职业精神和职业态度，无法对管理层形成强有力的约束，项目跟投制度使两种资本的利益具有了高度相关性，在很大程度上可以降低代理成本的发生，平衡股东与管理层之间的利益冲突。

2.阿里巴巴与万科合伙人制度的异同

阿里巴巴合伙人制度和万科的事业合伙人制度都是为了加强管理层的控制权，但是两者之间存在一些显著的差异。

首先，从制度属性来看，阿里巴巴合伙人制度属于"顶层设计"的公司治理制度，涉及控制权这一核心问题。万科事业合伙人制度是为了协调股东与管理层之间的利益冲突，属于公司管理层面的制度设计。其次，在合伙人覆盖范围方面，阿里巴巴只涉及部分创始人和高管，万科事业合伙人制度覆盖范围更广，包括了大量的中层管理人员。再次，万科事业合伙人制度仍然是在"同股同权"原则下派生的企业管理制度，这与绕开股权决定控制权的阿里巴巴合伙人制度差异显著。最后，两者的终极目的不同，万科事业合伙人制度意在通过管理层和员工加大持股数量协调代理关系，抵御可能的野蛮人"敲门"，提高公司管理效率。阿里巴巴合伙人制度的目的清晰明了，即为以创始人为代表的智力资本掌握公司控制权提供制度保障，减少对公司管理并不专业的财务资本对公司长期发展的干扰。

第四节　合伙人制度与表决权差异安排的比较

阿里巴巴合伙人制度和表决权差异安排均具有"同股不同权"的特征，其实质都是创业团队基于智力资本掌握控制权，直击传统财务资本导向公司治理范式的内核，同时作为新范式的引领者，引导智力资本导向公司治理范式的形成与发展。阿里巴巴合伙人制度和表决权差异安排作为新公司治理范式下可供选择的公司治理制度安排，存在诸多共性的同时也保留了一些差异，为不同公司根据实际情况灵活构建自身的公司治理制度提供了借鉴和空间。

一、阿里巴巴合伙人制度和表决权差异安排的共性

1. 共同的本质是智力资本掌握控制权

阿里巴巴合伙人制度和表决权差异安排的本质都是以创业企业家为代表的智力资本掌握控制权。对前者而言，合伙人团队通过掌握半数以上的董事提名权，在实际上获得了对阿里巴巴的控制权。对于后者而言，创业企业家如扎克伯格、李彦宏、刘强东等通过持有一股十票至二十票表决权不等的B股而掌握了"超级表决权"，进而掌握了控制权。智力资本掌握控制权是新公司治理范式的核心特征，不仅是公司治理博弈的自然结果，也是时代发展的必然要求。

2. 共同的功能是保护企业家精神和控制权稳定性

阿里巴巴合伙人制度和表决权差异安排设置的初衷都是保持控制权的稳定性，一方面是防止公司上市后智力资本控制权被不断增加的财务资本所稀释和干扰，创始人被内部财务资本"挤出"的先例屡见不鲜，如大娘水饺和南玻集团，另一方面有助于抵御"野蛮人"入侵，为企业经营管理提供稳定的环境。从更深层次看，阿里巴巴合伙人制度和表决权差异安排都为企业家精神的培育和保护提供了优良的沃土。同股同权原则虽在一定程度上可以保护中小投资者的利益，但是有时也会成为伤害企业家精神和影响资本市场秩序的利器。具备同股不同权特征的表决权差异安排和阿里巴巴合伙人制度旨在支持、鼓励和激发企业家精神，为企业家发挥主观能动性提供广阔的空间。

3. 均能够促进财务资本与智力资本实现互惠共赢

阿里巴巴合伙人制度和表决权差异安排中，以企业家为代表的智力资本没有被视作会发生道德风险和机会主义行为而需要加以约束和监督的对象，而是拥有远大志向和抱负、引导公司实现宏伟愿景、促进公司价值最大化的"自我实现人"。股东没有通过复杂的公司治理结构和机制设计对管理层严密监督，而在认可和尊重智力资本价值创造能力基础上接受新型制度。智力资本在表决权差异安排搭建的平台上充分释放主观能动性，奋力把公司做强做大并借以实现理想情怀，财务资本为智力资本发挥创造力让出必要的空间，并在其创造的更大的"蛋糕"中实现收益权。两种资本各得其所，实现共赢。合伙人的退出机制及持有B股的股东不得随意减持，这在一定程度上维护了财务资本与智力资本的价值共创、风险共担关系。

4. 均具有扩散性

阿里巴巴合伙人制度和表决权差异安排都具有扩散性，即在数字经济时代受到越来越多创业企业及成熟企业的青睐，能够为更多企业所采纳。Google、Facebook、百度、京东等互联网高科技企业都选择携表决权差异安排IPO，达内科技、途牛、华米等新兴创业企业也纷纷效仿。港交所宣布接纳表决权差异安排之后，分别在2018年7月和9月迎来了以同股不同权方式上市的小米和美团点评。阿里巴巴合伙人制度也引发了包括复星、龙湖等企业在内的合伙人制度浪潮。新型公司治理制度的扩散性不仅是智力资本导向公司治理范式强大生命力的表现，还反映出公司治理范式变迁的不可逆性。

二、阿里巴巴合伙人制度和表决权差异安排的差异

智力资本导向公司治理范式具有灵活性，每个企业可以根据自身的实际情况进行公司治理制度设计。阿里巴巴合伙人制度和表决权差异安排之间的差异反映出这种灵活性，对两者差异的分析可以为其他企业的公司治理制度建构提供启发和思考。

1. 智力资本控制权实现路径存在差异

虽然阿里巴巴合伙人制度和表决权差异安排的实质均是智力资本掌握控制权，但是具体的路径存在差异。阿里巴巴合伙人团队通过掌握半数以上的董事提名权来掌握控制权，而表决权差异安排中创业团队通过持有附有"超级表决权"的B股来掌握控制权，如京东创始人刘强东持有的B股一股有二十票表决权，最终其以20%左右的股权比例掌握了超过80%的表决权。控制权实现路径的差异导致两者"超级权利"的适用范围有所差别。对于表决权差异安排而言，智力资本的超级投票权在公司任何事务和决策中都适用。然而阿里巴巴合伙人团队的"超级权利"仅体现在董事提名权上，保留了股东在选举独立董事、重大交易、关联方交易方面的正常权利。二者的差异不能反映孰优孰劣，公司治理制度的具体内容是相关主体内部博弈和协商的结果。

2. "超级权利"的依附主体不同

阿里巴巴合伙人制度中，"超级权利"归属于动态变化的合伙人团队而非个人，合伙人团队通过新陈代谢机制保持"在企业家状态"和智力资本的先进性。表决权差异安排中"超级表决权"依附于个人，B股由创业企业家或后任企业家持有。超级权利依附主体的差异是表决权差异安排和阿里巴巴合伙人制度的主要区别。尽管从表面上看，阿里巴巴合

伙人制度似乎更能避免权力滥用的问题，但是表决权差异安排也不一定更容易出现机会主义问题，其悠久的历史和不断进化的适应性在一定程度上可以支持这一点。

3. "超级权利"的失效机制不同

对于阿里巴巴合伙人制度而言，当合伙人退休、丧失行为能力、离开阿里巴巴集团、出现重大行为过失或不能为公司使命、愿景和价值观的传承做出贡献的时候，就需要从合伙人团队中退出，因而合伙人团队是一个动态更新、自我净化的集合体。对表决权差异安排附有"超级表决权"的B股而言，一般不得随意抛售且一旦抛售便自动转化为普通股A股，在一定程度上维持了管理层与股东的利益相关度，减少了管理层的机会主义行为。百度招股说明书显示，当李彦宏高管团队持有的B股比例低于5%时，所有的B股将自动转化为A股且不再发行B股。

4. 控制权传承机制存在区别

邓承师（2004）指出，企业家的代代接续是公司可持续发展的必然要求，然而智力资本的人身依附性使其控制权的传承不像传统范式那样简明直接。表决权差异安排下控制权的延续目前尚没有清晰的路径，一般而言谁拥有附有超级表决权的B股多，谁便更可能拥有控制权，控制权延续的科学性和合理性有待提升。阿里巴巴合伙人制度通过合伙人团队进退机制的设计提升了控制权延续的科学性：一方面合伙人的董事提名权不是特权，而是会随着合伙人的生命状态以及工作表现发生改变和消失，另一方面经过层层筛选的新进入的合伙人会为公司的发展带来新鲜血液和活力。

三、阿里巴巴合伙人制度和表决权差异安排的发展趋势

表决权差异安排和阿里巴巴合伙人制度作为传统公司治理范式的颠覆者，开启了对公司治理新范式的探索，由于尚未形成一致认可的理论和实践框架，因而该范式尚处于范式前期。新生事物的成长并不总是一帆风顺的，传统范式的路径依赖特征及各国资本市场成熟度的差异很容易摧毁新范式的萌芽。正如香港联交所曾因为阿里巴巴合伙人制度违背其一贯奉行的同股同权原则而拒绝其上市的请求，反映出传统财务资本导向公司治理范式的巨大惯性与积重难返的特点，纽约证券交易所对阿里巴巴合伙人制度敞开了大门则体现出对传统公司治理范式的反思以及对新范式的接纳。

随着阿里巴巴合伙人制度和表决权差异安排的引领性和扩散性特征

逐渐显著，智力资本导向公司治理范式也表现出强大的生命力，推动香港联交所冲破传统范式和理念的桎梏，积极拥抱时代变化。香港联交所逐渐意识到智力资本控制权的重要意义与潮流不可逆性，于2017年12月15日宣布接纳"不同投票权架构"的新经济公司在主板上市，体现出对传统公司治理范式的反思以及对新范式的接纳。随着越来越多的证券交易所为新范式敞开大门，越来越多的新型创业企业携新型制度IPO，智力资本导向公司治理范式将逐渐取代财务资本导向公司治理范式。

阿里巴巴合伙人制度和表决权差异安排是智力资本导向公司治理范式早期阶段展露的冰山一角，由于其本质和全貌难以被准确认识而面临一些误解和波折。随着新型创业企业的蓬勃发展，智力资本博弈能力不断增强，新范式的冰山逐渐被清晰、全面地认识。星星之火形成燎原之势，推动证券交易所的反思和改革，推动学术界的思索与创新，推动智力资本导向公司治理范式的形成和发展。

第九章　公司治理范式的演进机制

公司治理范式随着社会发展而演进，从财务资本导向公司治理范式演进到智力资本导向公司治理范式，不仅标志着公司制企业的不断进化，还标志着社会文明的不断进步。

第一节　公司治理范式演进的动力机制

科学技术是推动社会进步的根本性、革命性力量。科学与技术的结合催生了四次对人类社会发展产生重大影响的工业革命，深刻地影响着生产力、生产关系及社会格局。公司治理作为各参与主体博弈的结果，其范式演进从根本上是由科学技术创新所推动的。

一、第一次工业革命与公司治理思想的萌芽

人类社会发展的脚步伴随着科学技术的不断创新迭代，生产活动则同步进行着演化。棉纺织业是人类走出农耕经济后率先发展起来的产业，第一次工业革命实际上就是以纺织科技的进步为起点的。1765年，纺织工人哈格里夫斯发明了"珍妮纺纱机"，揭开了第一次工业革命的序幕。随着机器生产逐渐从纺织业渗透到采煤、冶金等领域，原有的畜力、水力和风力等动力已经无法满足需要，工业革命的推进亟须寻找新的动力来源。

1785年，瓦特研制的改良型蒸汽机投入使用，人类社会从此进入一个新的时代——"蒸汽机时代"。蒸汽机的使用极大地提高了工业生产的效率，机器生产逐渐占据社会生产的主导地位，传统手工业逐渐式微，英国因此走向全球第一个工业国家的宝座。与此同时，产业组织产生重大变化，真正意义上的公司制企业逐渐产生，而公司的管理和发展在当时是一个新生事物，微观经济学的诞生也正是第一次工业革命的丰硕成果。

随着机器生产在欧洲其他国家以及向美洲的扩散，至19世纪初叶，第一次工业革命基本完成了机器大工厂对手工作坊的替代，促进了公司制企业的形成和发展，公司治理早期的雏形开始显现。由于第一次工业

革命中的发明创造者主要为工人技师而非专业的科学工作者，其规模和影响力有限，再加上学术研究相比于实践存在滞后性，公司治理思想的研究进展较慢，没有形成系统而完整的理论和实践体系。第一次工业革命推动了公司制企业的诞生，为财务资本导向公司治理范式的孕育和孵化奠定了物质基础。

二、第二次工业革命与公司治理的产生

进入19世纪后，自然科学研究取得了重大进展，特别是热力学、电磁学的研究不断突破。1870年以后，基于最新自然科学成果的各种新技术层出不穷，电机、内燃机等相继发明并被应用到生产中，随之电灯、电车、电话、电报等问世，人类进入了"电气时代"，大规模工业生产逐渐形成，公司制企业迅速扩张规模，垄断组织开始出现，工业经济尤其是重工业经济发展到鼎盛阶段。第二次工业革命被称为科学技术推动的人类社会革命，科技进步彰显出巨大的推动力。

第二次工业革命引发了产品系统的爆发式发展，产品功能和复杂度迅速增加，管理变得愈加重要，"职业经理人"最早在美国铁路公司出现并逐渐在社会上成为一个重要群体。当时产业发展集中于重工业领域，公司规模扩张需要强大的财务资本支持，此时股东与经理阶层的"两权分离"已经显现，但财务资本的重要性显然远远超过智力资本，最初两种资本的关系是由华尔街的资本及其代言人来规范的。

在第二次工业革命及其之后较长的时期，重工业都扮演着主要角色，规模经济主导企业成败，财务资本是最为稀缺和关键的资源，因而财务资本所有者在公司治理中占据绝对优势，以资本雇佣劳动信念为主导的财务资本导向公司治理范式在此背景下逐渐成形，在微观经济学特别是企业理论中成为重要组成部分。

三、第三次工业革命与公司治理范式的确立

第二次工业革命为人类社会经济发展提供了优良的条件，第二次世界大战结束后全球迎来了相对稳定的发展时期。20世纪40年代后期开始，以电子计算机、生物科学、航天及原子能技术等为代表，人类迎来了发展史上的第三次工业革命。第三次工业革命中，科学理论出现重大突破，而计算机的发明和应用推动社会从电气时代逐步进入互联网时代，科学技术对社会劳动生产率的极高贡献使之成为当之无愧的第一生产力。

经过第三次工业革命的浸润，社会发展日新月异，市场竞争程度加

剧，公司面临的环境不确定性大大增加。与此同时，企业管理的重点从原来提升内部管理效率转变为面向外部环境制定战略决策，这使得企业管理的复杂性进一步提升，同时加剧了代理关系的程度，即管理的专业化和职业化加深，财务资本和智力资本之间不断扩大的"鸿沟"使得公司治理问题日趋复杂化，同时也使得公司治理变得日益重要，不仅成为企业发展的关键环节之一，也成为经济管理学科不可或缺的一个研究主题。

第三次工业革命促进了公司治理重要性的提升，经过大约半个世纪的发展，到20世纪初，公司治理的理论体系和实践体系不断成熟，财务资本导向的公司治理范式正式确立。在学术领域，公司治理的研究文献大量出现，公司治理相关的教材进入商学院课堂，公司治理在经济管理学科的主流领域占据了重要地位。同时，在这个阶段，以企业家为代表的智力资本重要性不断提高，日益充裕的财务资本退化为普通的生产资料且呈现出对智力资本追逐的局面。

两种资本相对地位的变化也使得公司治理不断出现新的挑战，智力资本不仅需要公司管理上的主动权，而且出现打破财务资本导向公司治理范式而取得公司治理主导权的需求。进入21世纪后，具备远见卓识的企业家创立的企业，在短短数年时间成长为世界级公司，其不凡的业绩表现和股价反映出智力资本主导公司治理和公司管理的重要性，从而促成智力资本导向公司治理范式萌芽并茁壮发展，展现出强大的社会适应性和生命力。

四、第四次工业革命与公司治理范式的演进

从人类社会发展的历史来看，科技进步的速度是逐渐加快的。第三次工业革命带来的信息化虽然极大地促进了工业发展，解放了人们的双手，但人类的大脑尚未有效解放。伴随着通信技术的发展，云计算技术带动了大数据的产业化，人类迎来了智能化革命，"解放大脑"正在成为现实，第四次工业革命正在悄悄降临，并且促成了公司治理第一次实现范式的演进。

事实上，智能化是信息化的继承和发展，是科学技术发展不断从量变直至产生质变的过程。2013年4月召开的汉诺威工业博览会上，德国政府提出"工业4.0"战略，这一概念在全球范围内引发了新一轮工业转型浪潮，随即美国提出"工业互联网"的工业发展战略，第四次工业革命正式拉开帷幕。作为后进国家的中国提出"中国制造2025"发展目

标，努力参与第四次工业革命，并迅速在全社会推进数字基础设施建设，提升了整个社会的智能化程度，在由工业经济向数字经济的转型过程中占领一席之地。

第四次工业革命是由"智力资本"驱动的。与工业经济时代的财务资本或金融资本享誉世界不同，大家熟知的数字经济时代最成功的企业均是由智力资本主导的，无一例外地采用了智力资本导向的公司治理范式，财务资本成为数字经济时代企业发展的基础性资源。公司治理从萌芽到诞生，一直到确立财务资本导向范式，经历了三次工业革命，而伴随第四次工业革命的发展，迎来了第一次公司治理范式的演进。

回顾社会发展历史，正是科学技术的发展促使企业管理不断创新和进步，也促成了财务资本和智力资本在公司治理中的相对地位持续发生变化。科技革命没有止境，科技革命对产业组织的影响将会一直持续下去，数字经济也会被更为先进的经济形态所取代，而公司治理范式的演进也将不会止于智力资本导向范式。

第二节　资本市场对公司治理范式 演进的重要作用

自从第一个股票市场诞生四百年来，资本市场作为资本配置、交易的场所，与公司的融资、经营、并购等活动息息相关，在推动社会经济发展方面做出了重要贡献，也为公司治理范式的演进起到了助推作用。

一、资本市场助推财务资本导向公司治理的发展与范式形成

第二次工业革命后，现代意义上的资本市场在美国诞生并快速发展，加速了公司的两权分离，形成了"强管理者、弱所有者"的局面，对管理者机会主义行为的防范促进了财务资本导向公司治理范式的诞生和形成。

资本市场对财务资本的配置具有强大力量，这使得财务资本与智力资本之间的差异显著化。资本市场中股票的发行和流通加快了股权分散的速度，门槛降低的同时，股东参与公司管理的能力也随之降低。从人类社会出现的几次并购浪潮来看，美国20世纪二三十年代的第二次并购浪潮和20世纪60年代的第三次并购浪潮分别以纵向并购和多元化并购为主要内容，这两种并购形式均要求公司涉足新领域，增加了公司对高度专业化管理者的需求和依赖，也促使财务资本所有者与日常经营活动的

脱离。管理者凭借信息优势与对关键资源的掌握拥有了越来越大的控制权，这种"内部人控制"的现象被股东所忌惮，并促使公司设计了内外部治理机制来减少代理成本，降低管理者道德风险。

工业经济时代，财务资本具有稀缺性，主导公司治理的一直是财务资本所有者即出资者股东，财务资本掌握控制权是这个时代公司治理的本质特征。借助于资本市场的有效运行，财务资本主导公司治理的范式对促进稀缺资源的有效配置起到了至关重要的作用，为社会经济发展做出了巨大贡献。在学术研究中，则形成了以委托代理关系为出发点研究公司治理问题的学术范式，这种学术研究范式一直在公司治理的学术研究中占据主流地位并持续到今天。

二、资本市场加剧财务资本导向公司治理范式面临的挑战

财务资本导向公司治理范式在工业经济时代具有合理性和推动经济发展作用的同时，其自身也存在着天然的内在缺陷，即两种资本之间的"鸿沟"可能会降低公司管理的效率，并且这种缺陷难以自我协调。

双层股权结构是财务资本导向公司治理范式最早面临的挑战。20世纪80年代以敌意收购为主的美国第四次并购浪潮，将财务资本主导公司治理的缺陷集中爆发出来。此次并购浪潮中形成的控制权市场是财务资本对智力资本进行监督和约束的一项重要外部机制，但是敌意收购不断发生，造成的负面影响使得管理者将思考的重点转移到如何保持控制权稳定以及采用措施防御公司被接管上。彼时敌意收购对控制权的稳定性造成了极大的威胁，以保持控制权为目标的双层股权结构应运而生。尽管双层股权结构诞生的主要背景并非智力资本在重要性上超越财务资本，但客观上有效保持了"原有控制权"的稳定性，这里的控制权仍然属于财务资本。

随着社会的发展，具备抵御"野蛮人"作用的双层股权结构得到越来越多公司的垂青。双层股权结构曾经面临着很大舆论压力，但是美国大型证券交易所之间的竞争帮助这一制度存留了下来。例如曾正式宣布禁止双层股权结构的纽约证券交易所为了应对与持宽容态度的美国股票交易所、纳斯达克证券交易所的竞争，吸引更多的优秀企业上市，逐渐接受了双层股权结构。以双层股权结构为特征的公司治理在很大程度上对当时"同股同权"的观念造成强烈冲击，但其对敌意收购的限制和对控制权稳定性的保护又在很大程度上稳定了资本市场，促进了经济发展，这为智力资本导向公司治理范式的萌芽埋下了伏笔。

进入21世纪以来，"野蛮人"敲门现象并未销声匿迹，反而不断地制造影响市场的事件，这使得资本市场不得不进行更深层次的改革。事实上，主导互联网时代的新兴企业，如Google、亚马逊、京东等公司很早就意识到控制权保持的重要性，上市之初就设计了双层股权结构。但是像中国大陆股市等这种新兴资本市场，充裕的财务资本依仗同股同权原则不断引发"野蛮人"敲门事件，在一定程度上扰乱了资本市场的运行秩序和公司的正常经营活动，给脱胎于工业经济的传统企业带来很大压力。

数字经济为创新创业提供了丰沃的土壤，大量创业企业寻求进入资本市场获得发展所需的财务资本，这给资本市场提出了打破"同股同权"原则的要求。综观全球资本市场，绝大多数资本市场已经接受了诸如表决权差异安排、阿里巴巴合伙人制度等不同类型的新型公司治理，以创业企业家为代表的智力资本主导公司治理成为新型公司治理的本质特征。

2019年以来，我国创业板、科创板以及北交所市场都采取措施在一定程度上接受智力资本导向公司治理范式，允许具有同股不同权治理结构的公司上市。从全球范围来看，随着数字经济环境下诞生的新企业逐渐在资本市场中占据更重要的地位，智力资本终将主导公司治理，推动智力资本导向公司治理范式成为公司治理的主流，相关领域的学术研究也将逐步放弃以委托代理关系为出发点的研究范式，当然，学术研究范式的转型肯定晚于公司管理实践。

第三节　公司治理范式演进的社会价值依据

公司治理范式的演进遵循人类社会发展的基本规律，只有符合社会价值最优的社会活动才能获得长久发展并推动社会进步。马斯洛需求层次理论认为，人的需求层次从低到高可以划分为生理需求、安全需求、社会交往需求、受人尊重需求以及自我实现需求。随着生产力水平的提高和人类文明的不断进步，人的需求层次呈现不断提升的趋势，这是不同阶段公司治理目标转变的深层次原因。

公司治理范式的演进，体现了从财务资本导向公司治理范式的股东价值最大化目标，到共同治理理论推崇的利益相关者价值最大化目标，再到智力资本导向公司治理范式追求的公司价值最大化目标的演进过程，反映出"经济人—社会人—自我实现人"之间不断递进的需求层次驱动下的社会价值最优化发展规律。

一、"经济人"阶段

经济人假设源于享受主义哲学以及经济学鼻祖亚当·斯密关于劳动交换的经济理论,认为理性的人天生懒惰,必须采用强迫、控制、奖励与惩罚等措施进行管理。经济人假设否认了人的自觉性、主动性、创造性与责任心,以此为出发点将管理者与被管理者对立起来,这为"资本雇佣劳动"观念的形成提供了土壤,也是委托代理理论的重要理论依据之一。事实上,工业经济时代,财务资本的地位远远超过智力资本,经济人假设的提出和盛行与时代特征是相一致的。

财务资本导向公司治理范式追求股东价值最大化,这是经济人假设逻辑下的必然结果。工业经济时代初期,生产力水平普遍较低的特点使得人们想方设法增加财务资本来满足基本的生理需求和安全需求,这构成了"经济人"假设的基础。在此基础上能够直接指导财务资本由少变多、由贫乏到充裕这一过程的便是股东价值最大化目标,这一目标体现在公司对规模经济和利润最大化的追求上,体现在新古典经济学的各种生产函数上。

股东价值最大化是财务资本主导公司治理的重要特征之一,特别是在管理的复杂程度不是很高的工业经济早期,两种资本之间的差异并非特别显著,资本家往往胜任管理者的角色,对利润的追求是财务资本与智力资本能够达成的重要共同点。纵观工业经济发展历史,股东价值最大化目标在很长时期内帮助工业经济保持了稳定增长,也是激发社会创业的动力之一。但是股东最大化目标具有内在缺陷,随着财务资本在价值创造过程中的地位逐渐下降,这种缺陷引发的矛盾便不断激化。

二、"社会人"阶段

随着工业化进程的推进,社会生产力水平不断提高,管理方式也在发生着重大变化,"经济人"假设被"社会人"假设所取代。社会人假设的提出得益于20世纪20年代著名的霍桑实验,其关键成果就是人际关系学说。社会人假设认为,相对于经济上的报酬,社会性需求的满足往往更能激励人们完成特定目标。从管理角度看,"社会人"理念下的管理方式与"经济人"理念下的管理方式大有不同,要想充分获取个人利益,首先要在社会活动中顾全群体利益。

20世纪80年代开始,基于社会人假设的利益相关者理论与公司治理理论相融合,形成共同治理理论。与传统的"股东至上"理论不同的是,共同治理理论认为公司还必须承担社会责任，因为任何一个企业的发展都离不开各种利益相关者的投入或参与，这些利益相关者应该参与治理并分享公司控制权和剩余索取权。相应的公司治理机制也应通过一系列的内部、外部机制，由各利益相关者来共同治理，以股东为中心的治理结构应转型为利益相关者共同治理。

"社会人"假设下共同治理理论追求利益相关者价值最大化目标。企业中"非正式组织"的揭露和行为科学理论的发展使公司更加关注员工的情感诉求和企业文化建设。"社会人"假设下共同治理理论将公司视为"社会中的公司"，强调公司在追逐利润的过程中还负有对利益相关者、社会、生态环境等的责任，形成了利益相关者价值最大化的目标导向。

实践表明，共同治理的理论成果并未在公司治理实践中有效落地，其关键原因在于利益相关者价值并不明确，从而价值创造机制失去了具体可执行的目标，反而使得公司治理中的矛盾关系持续存在。但对于公司治理而言，突破对价值创造并不专业的股东的单边治理，对于公司治理的演进已经具有重要的意义了。

三、"自我实现人"阶段

人本主义的思想由来已久，但直到20世纪50年代末，基于人本主义的"自我实现人"假设才正式被提出。马斯洛基于对48位杰出人士的研究，总结指出自我实现人具有的15种特征，从心理学角度对人的需求进行了高度提炼。尽管马斯洛也认为现实中能够自我实现的人极少，但对自我实现的追求是绝大多数人的共同选择。马斯洛认为一般人不能达到自我实现人的水平，其原因主要是社会环境的束缚，人们缺乏自我实现的条件。

在创业企业中，掌握控制权的创业企业家在一定程度上具备了成为"自我实现人"的基础条件，而财务资本的介入在一定程度上成了约束条件。在工业经济向数字经济转型的过程中，财务资本与智力资本之间的鸿沟在显著扩大，由哪种资本掌握控制权有利于企业发展成为理论与实践都高度关注的问题。以委托代理关系为出发点的主流研究试图在财务资本导向公司治理范式的框架下改良公司治理，但未能从根本上解决代理关系引发的各种问题。

智力资本导向公司治理范式以"自我实现人"驱动下的公司价值最大化为目标。特别是在数字经济时代，企业管理与技术管理交织在一起，这让财务资本往往成为价值创造机制的"旁观者"，而创业企业家就成为天然的最优管理者，具有"自我实现"意识的企业家主导公司治理，即智力资本掌握公司控制权就成为最优选择。企业家主动创造精神和自我实现需求，是对成功的互联网企业之所以取得成功的最好诠释。以智力资本为本的社会价值取向为满怀理想抱负的创业企业家们发挥主观能动性与创新精神提供了优良的土壤，事实上，优秀企业家的自我实现不仅体现在个人层面，还体现在公司的使命、愿景中。相比于财务资本导向公司治理范式，智力资本导向公司治理范式能够为企业家们聚焦于长远发展、实现公司价值最大化提供最大可能。公司从追求股东价值最大化到利益相关者价值最大化再到公司价值最大化的目标变化，既是人类需求层次不断提升、文明不断进步的过程，又是社会价值不断趋于优化这一自然规律的结果。

从财务资本导向到智力资本导向公司治理范式的演进，是与数字经济的发展密不可分的。随着数字经济环境下创业企业的涌现和成长，越来越多的新兴公司携各种类型的"同股不同权"公司治理方式进行IPO，不少实行传统公司治理的企业也在向智力资本主导的公司治理转型，如复星、龙湖地产对合伙人机制的尝试。与此同时，绝大多数资本市场也已经接受了智力资本导向公司治理，特别是对数字经济环境下诞生的企业给予了选择公司治理范式的充分自由。短期内一些传统行业的企业中财务资本可能仍然主导公司治理，但随着新兴企业逐渐增加并占据主流地位，智力资本导向公司治理范式终将完成对财务资本导向公司治理范式的替代过程。在公司治理的学术研究中，以委托代理关系为出发点的研究范式将逐渐式微，并最终退出主流地位。

第十章　中国建立智力资本导向公司治理的探索

智力资本导向公司治理将成为数字经济时代主流的公司治理。为促进企业健康成长，保障数字经济高质量发展，突破"同股同权"的限制，改革公司治理制度，将"智力资本导向公司治理范式"引入上市公司治理范畴，是中国资本市场发展必须解决的重要问题，也是提升中国资本市场全球竞争力的关键环节。

第一节　中国资本市场与公司治理的发展

1978年，中国共产党十一届三中全会做出了实施经济体制内部和对外开放的伟大决议，此后经济建设成了国家发展的基本任务。

一、中国多层次资本市场的建立和发展

以1990年上海证券交易所诞生为起点，新中国资本市场至今已经走过了三十多年的艰辛历程。经过多年的发展和探索，中国大陆已经形成了主板、中小板、创业板、科创板、北交所、场外交易市场等多层次资本市场体系，在国家建设和经济发展中发挥了重要作用。

1.早期资本市场

1987年我国第一家专业证券公司——深圳经济特区证券公司成立，1988年上海申银证券和上海海通证券公司等相继成立，他们承担了上海和深圳两个交易所建立后首批企业股票发行活动。1990年12月19日，由22家金融机构作为首批会员签字联合发起的上海证券交易所正式挂牌成立。成立之初，交易所内只有8家上市公司，总市值仅仅为12.34亿元，交易所会员也多为早期的证券公司、信托公司及其证券业务部，囿于当时政治风险、经济环境、市场条件等因素影响，上海证券交易所的业务几乎停滞不前。直到1992年年初，邓小平同志在南方考察时针对证券市场的发展发表了重要讲话，为资本市场建设和发展注入了强大动力。随即，上海证券交易所的规模迅速扩大，1992年年底总市值已达到558.4亿元。

1990年12月1日，深圳证券交易所开始试营业，1991年7月3日正式开业，在经历了1994年、1995年连续两年的低谷时期后，采取了一系列有效举措，2000年年底，在深圳证券交易所上市的公司数量达到503家，总市值达到2万多亿（聂庆平、蔡笑，2012）。上海证券交易所和深圳证券交易所共同组成了我国多层次资本市场体系中的主板市场，主要服务于大型、成熟、盈利状况良好的企业，单个挂牌交易的上市公司募集的资金能够达到数十亿甚至上百亿，但相应的上市门槛、条件也较为严格。

2. 中小企业板、创业板

上海证券交易所、深圳证券交易所设立的初衷是服务于国有大型企业，特别是要为国企解困，导致同时出现资金过度以及资金不足的情形。随着经济发展，中小企业直接融资的需求逐渐显著，理论界和实务界对建立一个多层次资本市场的呼声日益高涨。

2004年5月，我国在深圳证券交易所中设立中小企业板块，主要为成长性强、盈利能力良好以及规模相对较小的中小企业设立。中小板的上市基本条件与主板完全一致，旨在为能长期持续增长的企业提供直接的融资渠道（林毅夫，2002）。这意味着在大力扶持新兴行业、新兴企业的同时，中小板也必须设立严格的上市条件，防止投机活动盛行和蔓延。中小板的管理将遵循四个独立原则，即运行、监察、代码、指数全部独立，不仅启用新的交易系统和监察系统，而且进行独立股票编码并发布独立的指数。中小板作为创业板的过渡平台，为后续创业板市场的推出积累了大量宝贵的实践经验。2021年4月6日，深交所主板与中小板正式合并，中小企业板光荣完成了历史使命。

我国从1999年开始酝酿建立创业板市场，但囿于缺少合适的企业资源、资本市场制度不完善、投资者投机思想严重等限制，使得创业板市场的建立历经了十年的时间。从最初的筹备到分步设立中小企业板，再到各国纷纷建立创业板市场为其科技创新和产业升级助力，加之我国面临经济结构调整和应对金融危机的压力，最终顺应时势于2009年10月推出了创业板市场，这一举措成为我国建立多层次资本市场的重要环节。截至2022年6月，创业板上市公司数量达1050家，总市值达13.09万亿，股权融资总额突破1万亿。

3. 科创板

科创板是习近平在首届中国国际进口博览会开幕式讲话中提出来的，计划在上海证券交易所设立科创板并试点注册制，随后上海证券交易所、中国证监会先后向公众发布了关于科创板设立和注册的基础性制度框架设计的基本思路。

科创板于2019年6月13日正式开板，同年7月22日，科创板首批公司上市，8月8日，第二批挂牌公司上市。2022年7月22日，科创板迎来开市三周年，上市公司数量由最初的25家增长至439家，IPO融资总额超6000亿元，而科创板的总市值也突破5.5万亿元。目前科创板主要接纳科技含量高的创业企业上市，集中于集成电路、生物医药、新材料、高端装备制造等领域。经过三年多发展，科创板在整个A股市场中占据越来越重要的位置。2022年上半年的数据显示，科创板IPO融资额首次超过上交所主板融资额，而当年A股前十大IPO的公司中，有5家来自科创板，帮助上交所以328亿美元的融资额位列全球第一，占全球融资总额的34%。

4. 北京证券交易所

2021年9月2日，在中国国际服务贸易交易会全球服务贸易峰会上，国家主席习近平宣布"深化新三板改革，设立北京证券交易所"。虽然北交所脱胎于新三板市场，但实际上是我国第三家由国务院批准设立的证券交易所，定位为"打造服务创新型中小企业主阵地"，即成为"专精特新"型企业专属的资本市场，旨在培育主营业务突出、竞争力强、成长性好的专精特新"小巨人"，引导企业成长为"隐形冠军"。

2021年9月3日，北京证券交易所有限责任公司成立，11月15日正式开市，81家企业成为首批上市公司，这些企业中的17家为专精特新"小巨人"企业。北交所的上市公司集中于先进制造业、现代服务业、高技术服务业、战略性新兴产业等新兴领域。截至2022年7月31日，北交所上市公司达104家，总市值达1888亿元，合格投资者数量近510万户，日均成交近11亿元。

5. 场外交易市场

场外交易市场是在证券交易所之外进行证券买卖的市场（OTC市场），又被称为柜台市场或店头市场，没有集中交易场所和统一交易制度。中国的场外交易市场主要包括以下两种形式。

一是全国中小企业股份转让系统，又称三板市场。这个系统起源于2001年"股权代办转让系统"，称为"老三板"，但由于股票品种少、质量低等原因，运营遇冷。新三板于2012年7月设立，是原中关村科技园区非上市股份有限公司进入代办股份系统进行转让试点的产物，因挂牌企业均为高科技企业而被称为"新三板"。2016年5月，新三板对挂牌公司实施分层管理，分为基础层和创新层，2020年7月再增设精选层。2021年9月北京证交所设立，北京证券交易所仍是新三板的一部分，与创新层、基础层一起组成"升级版"的新三板（但北交所属于场内交易场所）。

二是区域性股权交易市场，有时也称为"新四板"，是为特定区域内的企业提供股权、债权转让和融资服务的私募市场，能够促进中小微企业股权交易和融资，鼓励科技创新和民间资本，原则上不跨区域设立机构，也不接受跨区域公司挂牌。比如广东省的只能在广东省挂牌。

二、中国公司治理的发展历程与现状

1. 资本市场与公司治理的关系

资本市场与公司治理相互影响。资本市场需要源源不断的优质企业进入，往往具备良好公司治理水平的企业能够获得资本市场的青睐，而资本市场的效率也影响着上市公司的公司治理水平。

优质的上市公司是资本市场发展的基石，公司治理对资本市场发展具有重要影响。一是增加优质企业的数量。良好的公司治理能够提升企业信息的透明度，降低股东与管理者以及大股东与小股东之间的代理成本，在一定程度上防止机会主义行为，提升企业竞争力，从而促进资本市场长远、健康地发展。二是增强投资者的信心。完整的公司治理机制可以强有力地保护投资者免受侵害，吸引更多的投资者进入市场，提升资本市场的整体容量。三是降低金融风险。优良的公司治理在一定程度上可以减少乃至杜绝财务造假等舞弊行为，保持资本市场的平稳运行。

资本市场的有效程度深刻影响着公司治理功能的发挥。一方面，资本市场提供多种多样的直接和间接的融资渠道，高效的资本市场使得公司信息与股价密切关联，投资者获得不同公司的信息后能够拥有选择权。另一方面，企业不应将股权和债券仅仅看作不同的融资工具，而应依据二者在企业融资结构中的比例不同来调整治理结构（Williamson，1988），反过来企业获得股权融资的多少取决于企业的业绩情况，而过多的债券融资会使得股东对管理者的监督和控制力度加强，进而影响公司治理水平（赵昌文，2002）。

公司的股价能够反映管理者的管理效率，而投资者也能够通过股价的变化来决定自己的投资行为。资本市场还形成了一个"控制权市场"，这是资本市场影响公司治理的重要方式。在有效的资本市场中，公司的经营状况将如实反映在股价中，当股价下跌已经超过预期但现任管理层却无法挽救颓势，或者管理层已经不再被投资者信任时，并购活动能够将第三方力量引入并使其强制地介入公司经营中去，此时管理者将面临"出局"的风险。因此，为防范并购活动给管理者带来不利影响，他们将努力为了公司的利益而工作，这也大大降低了代理成本。

2. 中国公司治理的发展与存在的问题

中国在计划经济时代不存在现代意义上的公司治理，随着改革开放和资本市场建立，公司治理与现代企业制度成为中国市场经济的热词。早期阶段，国有企业改革的重点放在所有者和经营者之间的关系以及明确各自的权利和义务上（刘鸿儒，2008），但并没有解决核心问题。1986年开始的股份制改造存在一定的盲目性，不仅没有解决股票市场早期阶段存在的股票债券化以及同股不同利的问题，反而带来了针对公司产权界定模糊、公司治理结构混乱等新的问题（吴敬琏，1993），但经过前几个阶段的探索，建立现代企业制度成为社会各界的共识。

第一版《中华人民共和国公司法》于1993年通过，首次为企业建立和完善公司治理提供了法律保障，资本市场也在这一时期取得了长足的进展，两者相得益彰。随后，中国第一部《证券法》于1998年诞生，1999年确立了集中统一的证券监管体制，两者共同提升了中国资本市场与公司治理的规范性，但在中小股东保护方面仍存在诸多不足。为加快上市公司治理结构完善，保护中小投资者合法权益，各证券交易所也相继出台了文件，资本市场取得了持续进步。

随着中国融入全球化，中国学习了世界各国的公司治理经验，中国的公司治理也经历了从行政型治理向经济型治理的转型。计划经济时代，国有企业虽然没有现代意义上的公司治理，但经营者依旧在为企业奔波劳碌，这种治理方式可以称为"行政型治理"，以两权分离为特征的改革举措使得中国进入行政型治理和经济型治理二元治理并存的时代，且不均衡地发展着（李维安、丘艾超，2010）。设立国资委、进行股权分置改革、颁布新的《公司法》等一系列措施提升了市场在公司治理制度中的影响力，从南开大学发布的中国上市公司治理指数综合来看，我国公司治理水平一直在稳步提升。

中国公司治理仍然存在各种问题，这既与新兴资本市场发展不成熟有关，又与公司治理实践起步晚关系密切。当前，仍然存在大量公司股权结构失衡现象，代理问题仍然突出，利益输送、资产侵占等不法行为时有发生。同时，"内部人控制"也长期影响着公司治理。中国内部人控制问题的产生具有独特的历史、文化、法律、经济等背景，最重要的因素是金字塔式的控股结构使终极控制人对公司管理鞭长莫及，多层股权控制链也为实际控制人提供了"隧道挖掘"的可能性，同时基于政治关联形成的内部人控制问题也较为突出，国家控股公司董事长、总经理职务容易滋生较为严重的内部人控制问题。

进入互联网时代以来，大量的新兴企业特别是科技企业涌现，但中国大陆资本市场接纳智力资本导向公司治理的举措迟迟未能实施，从而大量的新兴企业选择在纽交所、纳斯达克等市场上市。2018年12月，拒绝阿里巴巴携合伙人制度上市的香港联交所进行重大改革，宣布不再对所有寻求上市的公司坚持"同股同权"原则，即允许采用双层股权结构等智力资本导向公司治理的公司进行IPO，迈出了公司治理改革的一大步。事实上，中国大陆市场对智力资本导向公司治理的呼声也日益高涨，这与数字经济环境下科技型创业企业大量涌现有关，这些企业迫切需要稳定的控制权以利于公司长期发展。2019年科创板和2021年北交所创立后，在一定程度上突破了"同股同权"原则，允许存在表决权差异安排的企业申请股票或者存托凭证IPO，这是中国资本市场改革的重大进步，也为智力资本导向公司治理的推广铺平了道路。但是占资本市场多数的主板市场尚未放松对同股同权的限制。

第二节　中国推进智力资本导向
公司治理范式转型

从社会发展的视角来看，智力资本导向公司治理范式产生并确立主流地位具有历史必然性，因此中国公司治理范式的转型既具有必要性，又具有可行性。

一、数字经济发展迫切需要智力资本导向公司治理

数字经济是智力资本导向公司治理的优良土壤。近十几年来，中国数字经济发展迅速。中国国家互联网信息办公室发布的《数字中国发展报告（2021年）》显示，中国已建成全球规模最大、技术领先的网络基础设施，推动数字经济高速发展。2012年到2021年，我国数字经济规模从11万亿元增至45.5万亿元，占GDP比重由21.6%提升到39.8%，总量稳居世界第二。截至2022年7月31日的数据显示，中国已经建成并开通5G基站达196.8万个，5G网络已经覆盖所有地级市城区、县城城区和96%的乡镇镇区，5G移动电话用户数量达到4.75亿。

中国实施制造强国、网络强国和大数据战略，为科技创业提供了大量机会。近年来，中国每年培养的工程师数量超过美国、日本和欧洲培养的工程师数量总和，近十年来培养的工程师总数超过7000万名。同时，中国对双创活动高度重视，为科技工作者创业提供了优惠的政策和环境。截至2021年年底，民间风险资本总量已经超过11万亿元，政府背景的产业基金也达到10万亿元规模，这些条件都为科技创业提供了丰沃的土壤。以科创板为例，开板三年来共有接近500家公司上市，总市值接近6万亿元，发展速度领先于其他板块。

原生于数字经济环境的新兴企业，迫切需要智力资本导向的公司治理。前已述及，进入数字经济时代，由于管理的专业性和复杂性，财务资本和智力资本之间的鸿沟达到特别显著的程度，且财务资本在价值创造机制中的作用逐渐让位于智力资本，因此"同股同权"的原则已经限制了公司价值最优的实现，智力资本取得法定的控制权成为新兴企业公司治理的合理前提。当然，两种资本对收益权的索求仍然适用于"同股同权"原则。

事实上，不仅科创板公司，而且创业板市场也表现出了智力资本导向公司治理的强大生命力。创业板上市公司也多为近二十年的新创企业，与数字经济密切关联。周潇（2020）以创业板市场上市公司为例，研究了控制权变更与企业绩效改善之间的关系，研究表明，智力资本主导的控制权变更对企业绩效的改善优于财务资本主导的控制权变更；在由财务资本主导的控制权变更情形下，目标公司最核心的管理团队仍然担任高层管理者职位能够显著提升企业绩效。这表明由财务资本主导公司治理在一定程度上提升了资本市场的效率，智力资本导向的公司治理不仅适用于数字经济原生企业，对更早时期的企业同样适用。

中国由于历史原因失去了前三次工业革命的机遇，但在第四次工业革命的浪潮中，中国与西方国家几乎面临着同样的起点，且在部分领域已经处于领先地位。在强大的数字基础设施支持下，中国在大数据、云计算、区块链、智能制造等关键核心技术领域取得了一系列突破。2021年，中国工业机器人同比增长30.8%，3D打印装备同比增长27.7%，"5G+工业互联网"在建项目超过2000个，当前数字经济相关企业超1600万家。通过大数据、云计算、物联网等信息技术实现资源优化配置，进而不断催生出新技术、新业态、新产品和新服务，这种数字经济的新模式不仅改变着人们的生活和工作方式，成为社会发展的驱动力量，而且对资本市场与公司治理提出了变革的需求。

目前，中国数字经济发展已经形成了巨大的虹吸效应，即将成为全球最大的数字技术投资聚集地，影响着全球数字经济的发展。如何实现数字经济核心技术自主可控，不断提升在全球数字科技和数字经济领域中的核心竞争力和话语权，是中国当前面临的重大问题，在这个过程中，充分发挥以创业企业家为代表的智力资本的积极性和主动性，具有重要意义。因此，中国资本市场进行智力资本导向的公司治理改革，既是促进数字经济产业发展的需要，又是资本市场提升在全球数字经济发展中地位的需要。

二、中国推进智力资本导向公司治理的路径

智力资本导向的公司治理转型不是一蹴而就的，而是一项复杂的系统工程，需要充分考虑历史与现实、法律与实践、经济与社会等各方面的因素。

1.稳步推进智力资本导向公司治理试点

数字经济环境下的原生企业天然适用于智力资本导向公司治理，我国科创板和北交所成立之初就确认了接受表决权差异安排的公司进行IPO，但是明确规定表决权差异的公司治理必须在上市前设置完成，即不允许上市之后再另行设计有差异的表决权结构。表决权差异安排可以认为是双层股权结构的另一种表述，或者更进一步，允许多种表决权的股份并存，尽管表决权差异安排并不影响普通股份与特别表决权股份具有完全相同的其他权利，但这种安排在实质上为智力资本掌握控制权铺平了道路。

深交所的创业板成立较早，创立之初是不允许表决权差异安排的公司治理的。但随着数字经济发展，公司治理改革也已经提上日程。2020年6月，深交所对上市规则进行了重大修改，开始允许表决权差异安排的公司上市，但同时提出了若干要求，对同股不同权的安排进行了限制。这些限制条件包括很多方面，如上市前不具有表决权差异安排的，不得在首次公开发行上市后以任何方式设置此类安排，这意味着公司必须在IPO之前设置好特殊表决权股份，同时已上市的公司除配股、转增及股票股利外，不得在境内外发行特别表决权股份，不得提高特别表决权比例。限制条件的设置，在一定程度上防止了公司利用表决权差异和环境条件为管理者投机以谋取私利。

数字经济不仅影响着近年来成立的新兴企业，而且对早期的企业也产生着重要影响，无论制造业还是服务业，甚至农业领域的企业，几乎

都在进行着数字化转型的尝试，这说明数字经济环境下管理与技术互构程度加深，智力资本在价值创造机制中的作用已经远远高于财务资本。事实上，之前已上市的公司也可以进行智力资本导向的公司治理改革。但是在财务资本主导公司治理情形下进行智力资本导向的改革并非易事，一是中国资本市场存在难以克服的公司治理痼疾，如国有控股公司的所有者缺位等问题，在原有问题未根本解决之前，难以有效推进智力资本导向的公司进行治理改革；二是稳定的公司治理结构以及两种资本稳定的关系下，公司缺乏改革的必要性；三是与公司治理改革相配套的法律法规及相关政策缺位，这些规则的制定与实施存在很大难度。

为推进资本市场国际化发展，可以在上交所和深交所对传统上市公司试点智力资本导向的公司进行治理改革，如允许优质的原民营创业企业申请表决权差异的公司治理结构，或者进行类似阿里巴巴合伙人制度的改造。在这个过程中发现问题，总结经验，为原有上市公司进一步激发活力提供制度保障。

2. 中概股回归提供智力资本导向公司治理的经验

20世纪90年代，中国大陆资本市场刚刚起步，各项制度以及估值、监管等均不成熟，无法满足一些企业的多元化融资需求，于是这些企业走出国门到国际资本市场上市，逐渐形成"中概股"，例如1992年成功在美国纽约证券交易所上市的华晨宝马是第一家在境外上市的中国企业。之后互联网经济迅速发展，诞生了一大批优质企业，因经营模式与盈利模式显著异于传统行业，很多企业无法满足中国资本市场的上市条件，在美国上市成为这些企业的优先选择。2000年4月，新浪率先创设VIE模式并在纳斯达克证券交易所上市，成为第一家在美上市的中国互联网企业。截至2020年年底，除去已退市的公司后，中国内地共有超过500家公司在美国的证券交易所上市，其中阿里巴巴是最大的中概股，其次为中国移动、京东。

科创板诞生之前，企业在沪深交易所上市需要遵循"同股同权"原则，要获得更多控制权的前提是先增加相应比例的股票，同时还要满足收益性等多种硬性指标要求。创业企业上市后，随着不断融资，创业团队股权逐渐稀释。在股权稀释的情况下，企业经常面临被收购的风险，"野蛮人"敲门等敌意收购现象频发，例如著名的"宝万之争"，汽车之家创始人秦致被董事会解雇，等等。财务资本主导公司治理显然限制了创业企业家全力进行经营管理，这使得很多优秀企业的控制权成为财务资本追逐的标的，而财务资本对短期利益的追逐实际上伤害了企业的长期价值，也伤害了资本市场的高质量发展。

"同股同权"原则令我国许多优秀的互联网公司转而寻求在海外上市。从作者统计的数据来看（如表10-1），2014—2019年间，除去金融行业、已退市企业、数据缺失企业，共有582家中国企业赴美上市，其中，选择双层股权结构上市的公司有222家，占比为38.14%，并且这一数字在2018年、2019年还有所上升。可以看出，能够采用"同股不同权"架构上市是中国企业赴美上市的重要原因之一。采用双层股权结构的中概股公司是否提高了公司治理的效率呢？唐慧（2021）选取了2014—2019年在美国上市的582家中概股公司作为研究对象，研究了采用和不采用双层股权结构的公司治理效率，结果表明，在双层股权结构中，管理者不再是单纯追求自身经济利益的"经济人"，而是追求更高层次需求的满足，从被动接受投资者监督和约束转变为主动为公司创造价值，实现公司价值最大化。两权分离度越大，管理层的控制权地位就会得到更好的保护，管理层可以更好地聚焦于公司长期发展，减少受到股东短期利益追求的压力；管理层受到的激励也越大，能够更加努力地为公司创造价值。因此双层股权结构可以提高公司的治理效率。

表10-1　2014—2019年赴美上市"中概股"数量分布数据表

单位：家

年份	2014	2015	2016	2017	2018	2019	总计
双层股权	19	20	23	32	58	70	222
	32.76%	28.17%	27.38%	34.41%	45.67%	46.98%	38.14%
同股同权	39	51	61	61	69	81	360
	67.24%	71.83%	72.62%	65.59%	54.33%	53.02%	61.86%
总计	58	71	84	93	127	149	582

2008年金融危机爆发后，美股出现低迷态势。一方面，从2010年开始，中概股出现主动退市的案例，到2016年，大量中概股纷纷宣布私有化回归A股，如奇虎360、如家、博纳影业等，占据中概股整体数量的20%左右。中概股回归的原因，大致有面临被恶意做空、被估值过低、被严格监管乃至因贸易问题被故意刁难等。另一方面，中国资本市场不断改革，持续优化了公司上市条件。近年来，以网络经济、高端制造、生物经济、绿色低碳和数字创意等五大领域为首的新兴领域正在中国大地上如火如荼地发展，使中国经济从中低端逐渐向中高端转型。胡润全

球独角兽排行榜中，中国上榜的独角兽企业数量截至2019年为206家，2020年为227家，2021年为301家，与美国基本持平，中美两国占据全球近八成比例。2017年12月，融合国家网络安全战略的奇虎360成功借壳回归A股，市值增加逾6倍，体现出中国资本市场对于独角兽企业的认可。

2018年以来，中国证监会、各交易所不断表示支持新经济企业上市，并欢迎优秀的中概股回归A股。为了迎接独角兽企业的回归，我国出台了一系列的政策。2018年8月，中国证监会发布《存托凭证发行与交易管理办法（试行）》，允许境外上市的红筹企业（市值不低于2000亿元人民币）通过中国存托凭证（CDR）在境内发行股票，不需要在其他市场进行私有化退市，既阻止了部分中概股持有高价套利的不纯动机进行回归，又解决了一直困扰中概股的VIE架构以及同股不同权的问题。2018年开始的"即报即审"通道是专为独角兽企业开放的绿色通道，不仅VIE架构不会成为上市的障碍，而且盈利要求也可以进一步放松。这两种回归途径大大加快了企业上市的速度，也使得中概股的回归途径不再局限于"借壳"。

中概股回归为中国国内资本市场增添了新的元素，特别是设置了双层股权结构的公司，为智力资本导向公司治理带来了实践经验。随着中国数字经济高质量快速发展，以"表决权差异"安排为代表的由智力资本主导的公司治理将逐渐增多，取得主流地位仅是时间问题。

3. 推动理论研究与规则创新

智力资本主导公司治理在理论上和法理上是一个新的问题，国内外尚无系统性的研究，本书的研究也是对这一领域的探索。但是数字经济发展的历史趋势要求公司治理范式必须转型，以"同股同权"为规则的公司治理不宜继续出现在创业企业的IPO中。因此，学术界和企业界都担负着从理论和实践层面推进公司治理范式转型的历史责任。

从理论方面，中国应探索和建立具有中国特色的智力资本导向公司治理理论体系。中国改革开放四十多年的发展表明，只有立足于中国自己的社会、经济、文化等现状，走适合于中国国情的特色道路，才是最优的发展模式。吴尚轩（2023）认为，面对以两权分离、分散所有权、投资者保护和最佳公司治理等为代表的西方公司治理话语和标准，不宜全盘借鉴吸收，而应该基于本土实际审慎评估。与美国和欧洲等西方国家相比，中国特色社会主义制度具有无可比拟的优势，能够在数字经济时代充分发挥宏观调控、制度赋能的作用，这对数字经济产业和企业的发展具有重要影响。同时，中国是一个人文素养深厚的国家，企业家和科学家的家国情怀对公司治理的影响无疑是深刻的，因此建立中国特色的智力资本导向公司治理，对于科学家创业、企业家创业和青年创业都具有巨大的推动作用。当前，关于公司治理的主流理论研究仍然苑囿于西方委托代理体系之中，对"人的本质"认识仍存在不足，如何立足中国实际、着眼于全球未来发展，建立中国特色的公司治理理论，是当前经济、管理和法学等领域学者的重要使命。

从规则方面，中国已为新增资本市场设计了"表决权差异"的上市规则，但这些规则上存在一些不足之处，主要是限制条件较多，控制权安排的方式较为单一，对智力资本主导公司治理的支持力度还不够强。从长期发展来看，可以对这些规则的实施进行跟踪，不断评价其实施效果，持续改进和完善智力资本主导的公司治理体系。事实上，关于公司治理相关的法律法规，如《公司法》《证券法》等，尚未就智力资本导向的公司治理做出法律上的安排，因此，当条件成熟之后，将智力资本导向公司治理写进法律是具有必要性的。

第三节　健全中国特色社会主义
企业家伦理规范

智力资本导向公司治理符合社会发展的趋势，能够激励具有家国情怀和社会责任的企业家勇于创业，为社会经济发展做出贡献。同时，智力资本导向公司治理也需要系统的约束机制来规范其运行，从而尽可能防范其消极作用。

一、智力资本与财务资本的融合

智力资本导向的公司治理为企业家"人尽其能"提供了机制保障，但智力资本与财务资本是相互依存、对立统一的。在数字经济环境下，优秀的创业企业家充分利用各种资源，不断创新，可以带领企业迅速发展，并在这个过程中为企业积累大量财富，实现智力资本与财务资本的融合。智力资本与财务资本的融合，实际上也是"企业家"与"资本家"两种身份的融合，这就不可避免地带来了"资本无序扩张"的可能。

资本无序扩张，是指财务资本为了追逐自身利益最大化而采取不利于社会整体利益或公众利益甚至侵犯其他相关者利益的行为。资本的无序扩张可以分为两类：一类是无实体产业支撑的财务资本无序扩张，或称为纯粹资本运作；一类是依托于实体产业的资本无序扩张，特别是创业企业成长之后的扩张行为。数字经济环境下，借助于生态化发展，资本的无序扩张更容易出现并带来社会危害。当前比较显著的资本无序扩张行为如盲目进入不相关的产业领域；滥用市场支配地位"赢者通吃"，试图进行不正当竞争甚至垄断；在产业投资方面追求规模扩大而放任风险堆积；在经营管理中利用算法等手段压榨员工或合作方，等等。

有些互联网企业出现的资本无序扩张行为与智力资本导向公司治理并无必然联系。资本无序扩张需要通过制定更完善的法律法规以及市场监管机制等来遏制和防范，几乎没有一个国家能够无限制地容忍财务资本的"贪婪"行为，中国作为社会主义国家，更要规范财务资本的扩张。智力资本导向公司治理为优秀企业家促进企业高质量发展提供制度保障，财务资本聚集是企业发展的结果之一，但规范财务资本的扩张行为不是公司治理的内在要求，两者不属于同一层面。也就是说，应该通过智力资本导向公司治理促进企业的发展，通过法律规范约束财务资本的无序扩张。

二、企业家伦理

智力资本导向的公司治理实际上是为高层次管理人员充分发挥聪明才智从而"自我实现"创造了制度环境，特别是对集企业管理与技术管理于一身的创业企业家而言。前已述及，两种资本可能融合为一体，从而导致智力资本最终可能具有财务资本的性质，在这种情况下，除了底层的法律法规约束之外，以"企业家伦理"作为智力资本导向公司治理的补充，可以更好地发挥智力资本导向公司治理的作用。

企业家伦理是从伦理角度对从事管理工作的企业家群体应具备的素养提出的标准和规范。企业家伦理与商业伦理既有相关性，又存在不同。企业家伦理约束的对象是从事管理工作的高级管理人员，商业伦理则是对商业行为的约束，当然商业伦理的践行是通过商业行为的主体——包括企业家在内的经理人——来体现的。事实上，企业家伦理在很大程度上决定了企业商业伦理的水平，特别是在以智力资本掌握控制权为特征的智力资本导向公司治理之下。

企业家伦理随着数字经济的发展变得越来越重要。在财务资本主导公司治理的时代，商业伦理主要约束企业家的道德风险与逆向选择，而在智力资本主导公司治理的情形下，企业家伦理主要约束企业家的价值观。道德风险与逆向选择是委托代理关系的结果，占主导地位的财务资本为了缓解代埋关系，一方面通过激励机制诱导企业家努力工作，另一方面发展商业伦理以规范代理人的行为。当智力资本主导公司治理时，两种资本间的代理关系依然存在，但不再是公司治理的最重要的影响因素，企业家伦理将同法律法规一道发挥重要作用，在企业家伦理方面表现优异的智力资本应受到社会的认可。

三、有中国特色的社会主义企业家伦理

随着创业板、科创板和北交所等新兴资本市场板块的推出，越来越多的创业企业采用智力资本导向公司治理上市。得益于中国市场庞大，制造业在全球占有举足轻重的地位，大量创业企业在较短的时期内就获得了快速、长足的发展，既实现了企业及企业家个人的目标，又为国家经济发展做出重要贡献。在这种背景下，研究并践行中国特色社会主义企业家伦理就变得十分重要且紧迫。

有中国特色的社会主义企业家伦理以促进国家社会经济发展为导向，应具有鲜明的中国特色。首先，中国企业家群体（智力资本）应具有政治认同，即拥护中国共产党的领导，坚定中国特色社会主义理想信念，坚定中华民族实现伟大复兴的信心，这应该是中国企业家群体的精神支柱和价值追求。

其次，中国企业家群体应具有高度的家国情怀，即富有社会使命感和责任感，传递到企业就会形成企业的伦理文化和氛围。家国情怀是中华文明数千年演进形成的内在情感，具有深刻的历史和文化渊源。家国情怀意味着企业家群体应把"自我实现"融入国家繁荣和社会进步中，担当历史使命的同时实现个人理想和社会价值。在具体的管理行为中，就是在勇于承担社会责任，深明国家大义，追求企业价值的同时不损害国家、社会和其他相关者的利益。

再次，中国企业家群体应具有高度的创新意识，成为社会发展中最敢于冒险、善于创新的群体。中国数字经济的高速发展已经说明新生代企业家在创新方面是优秀的。中国与前三次工业革命失之交臂，在第四次工业革命中，中国抓住历史机遇，在多个领域奋勇争先，这与中国创新创业活动密不可分。中国要实现数字经济核心技术自主可控，不断提升在全球数字科技和数字经济领域的核心竞争力和话语权，离不开科技与产业的协同融合发展，离不开智力资本导向的公司治理改革，也离不开企业家的创新活动。

最后，中国企业家群体应具有全面而深入的合规意识。合规意识既

包括个人行为规范，又包括经营管理的职业规范。合规意识的内容，既包括成文的法律、法规或政策文件，也应包括不成文的公序良俗与德行善举。法治原则是企业家群体的硬底线，而向善则应成为企业家群体的软底线，这也与中国五千年的文明历史相一致。

为了实现国家利益、企业利益乃至企业家利益的一致，应对中国特色社会主义企业家伦理展开社会评价，从而督促企业家群体提升伦理素养。智力资本导向公司治理为企业家群体创造了"自我实现"的条件，而从"小我"到"大我"的意识转换，应成为中国企业家有别于资本主义企业家的特别之处，也是中国特色社会主义企业家伦理的精华所在。

第十一章 研究展望

　　人类社会在漫长的发展过程中，经历了从农耕经济到工业经济，再从工业经济到数字经济的两次重大转型。公司治理是人类社会工业经济发展的产物，尽管诞生的历史并不长，但对社会经济的发展已经产生了重要影响。在数字经济迅猛发展的浪潮中，公司治理迎来了第一次范式转型。

　　财务资本主导公司治理具有历史必然性。在人类社会的发展历程中，劳动和土地曾长期作为主要生产要素支撑着价值创造。资本主义制度的诞生和发展为工业革命的爆发创造了社会条件，从而导致科学技术和财务资本成为价值创造的关键因素，使资本主义在短短一两百年时间内，创造了超过之前人类历史总和的物质财富。公司治理随着两权分离而诞生和发展，并在学术研究中逐渐取得主流地位。今天，以委托代理关系为出发点的财务资本导向公司治理的理论与现实问题已经丰富多彩，几乎延伸和渗透到了管理学的方方面面。在理论研究取得丰硕成果的同时，公司治理也顺理成章成为工商管理一级学科下面重要的二级学科之一，这也是财务资本导向公司治理范式成熟的主要标志。

　　公司治理由财务资本主导向智力资本主导的范式演进也具有历史必然性。随着工业经济向数字经济的转型，智力资本与财务资本之间的鸿沟因技术与管理深度融合而加深，财务资本在价值创造中的关键地位被智力资本缓慢替代，特别是数据成为第五项生产要素，让数字经济与工业经济的差异更加显著。数字技术，无论是人工智能、大数据与算法，还是大量基于数据的新兴学科，都是人类智慧的结晶。虽然财务资本仍然十分重要，但已退化为普通生产要素，成为智力资本的"帮手"。公司治理中的财务资本与智力资本之间的代理关系仍然存在，但已不再是公司治理的起点，亦不再是公司治理的关键所在。因此，智力资本主导公司治理是社会发展的必然趋势，数字经济为智力资本导向公司治理范式的萌芽和发展提供了丰沃的土壤。

　　从范式演进的规律来看，从旧范式遇到挑战到新范式确立需要经历一个复杂的过程，其中交织着不同学术观点的碰撞，也伴随着实践的不断创新。近三十年来，经济学和管理学鲜有理论与实践的重大突破，公司治理范式的转型为理论研究的突破式发展提供了一个难得的契机，这为丰富经济管理学理论与实践创造了条件。从范式转型的角度来看，未来五至十年，公司治理领域的理论研究可能集中于以下领域。

首先是财务资本导向公司治理范式的理论深化与体系完善。一方面，尽管财务资本导向公司治理由来已久，但学术研究更多关注的是源于实践的问题，作为理论体系尚不够健全。例如财务资本导向公司治理的理论基础、范畴、理论框架等尚未系统完成，而理论体系健全是一种范式成熟必不可少的条件。另一方面，国有企业的治理及其改革将是一项长期存在的研究课题。

其次是智力资本导向公司治理范式的理论体系构建。本书只是为智力资本导向公司治理问题的研究打开一条照进阳光的缝隙，未来还有大量的理论与实践问题等待学者们去探索。尽管财务资本导向公司治理研究内容丰富多彩，但主要是聚焦于源于委托代理的两种资本之间的关系。从社会发展的角度看，智力资本导向公司治理的研究更为复杂，因为其融合了更加多元的影响因素。智力资本导向公司治理不再以委托代理关系为出发点，并将更深入地涉足科学技术、社会学、哲学、心理学等其他学科，这也将进一步促进学科融合。

最后是公司治理的范式转型。作为一种新的公司治理范式，要得到公认并占领学术研究的主流阵地需要假以时日，不仅因为需要更多地采用智力资本导向公司治理的企业不断上市并快速成长为公司治理理论的研究提供实践基础，而且一种新理论的萌芽和确立需要反复论证，这个论证过程与公司治理的范式转型是交织在一起的。未来采用智力资本导向公司治理的企业占据资本市场的主流地位后，财务资本导向公司治理的研究将逐渐淡出人们的视野，智力资本导向公司治理的研究将迎来爆发。当然，随着社会的发展，新的范式还将出现，范式转型的历史还将会再次重演。

从18世纪到20世纪，中国不仅错过了前三次工业革命，而且错过了经济学与管理学理论的建立和发展，从而几乎从未获得过这两个领域的学术话语权。今天，中国的体制优势正在帮助中国在数字经济领域赶超欧美发达国家，在欧美不断空心化导致逐渐丧失管理学实践基础的情况下，中国理应迎来管理学的创新突破和繁荣。本书愿成为一颗铺路的石子，为有中国特色的经济管理理论站上世界之巅做出微薄贡献，让我们期待这一天的到来。

参考文献

[1] 费尔南·布罗代尔. 15至18世纪的物质文明、经济和资本主义 [M]. 顾良，译. 第1卷. 北京：三联书店，1993.

[2] W.H.B. 考特. 简明英国经济史 [M]. 方廷钰，吴良健，简征勋，译. 北京：商务印书馆，1992.

[3] FRANKLIN F. MENDELS. Proto-industrialization：The First Phase of the Industrialization Process [J]. The Journal of Economic History，1972（32）：241-26.

[4] RAMSAY G D. The English Woolen Industry 1500-1750 [M]. London：Macmillian Press，1982.

[5] 刘景华，范英军. 工业化早期英国西部毛纺业的兴衰 [J]. 世界历史，2011（6）：4-15.

[6] FLOUD R，JOHNSON P. The Cambridge Economic History of Modern Britain [M]. Cambridge：Cambridge University Press，2004.

[7] JOHN P. MC KAY，BENNETT D. HILL，JOHN BUCKLER. A History of Western Society [M]. Chicago：Houghton Mifflin Press，1995.

[8] 刘金源. 论近代英国工厂制的兴起 [J]. 探索与争鸣，2014（1）：83-89.

[9] 保尔·芒图. 十八世纪产业革命——英国近代大工业初期的概况 [M]. 杨人楩，陈希泰，吴绪，译. 北京：商务印书馆，1983.

[10] HOBSON，J. A. The Evolution of Modern Capitalism：A Study of Machine Production [M]. Saint Petersburg：popova Press，1894.

[11] 查尔斯·达维南特. 论东印度贸易 [M]. 胡企林，译. 北京：商务印书馆，1989.

[12] 亚当·斯密. 国民财富的性质和原因的研究 [M]. 郭大力，王亚南，译. 北京：商务印书馆，1972.

[13] 舒小昀. 英国工业革命初期资本的需求 [J]. 世界历史，1999（2）：11-16.

[14] 小艾尔弗雷德·D. 钱德勒. 看得见的手——美国企业的管理革命 [M]. 重武，译. 北京：商务印书馆，1987.

［15］小艾尔弗雷德·D.钱德勒.战略与结构——美国工商企业成长的若干篇章［M］.孟昕，译.昆明：云南人民出版社，2002.

［16］汪建丰.试论早期铁路与美国企业的管理革命［J］.世界历史，2005（3）：117-123.

［17］稻盛和夫.阿米巴经营［M］.陈忠，译.北京：中国大百科全书出版社，2009.

［18］罗仲伟，罗美娟.网络组织对层级组织的替代［J］.中国工业经济，2001（6）：23-30.

［19］孙国强.网络组织的内涵、特征与构成要素［J］.南开管理评论，2001（4）：38-40.

［20］林润辉，李维安.网络组织——更具环境适应能力的新型组织模式［J］.南开管理评论，2000（3）：4-7.

［21］陈威如，徐玮伶.平台组织：迎接全员创新的时代［J］.清华管理评论，2014（7）：46-54.

［22］阿道夫·A.伯利，加德纳·C.米恩斯.现代公司与私有财产［M］.甘华鸣，罗锐韧，蔡如海，译.北京：商务印书馆，2007.

［23］FAMA E, JENSEN M. Separation of ownership and control［J］. Journal of Law and Economics，1983(26)：301-325.

［24］SHLEIFER, ANDREI, VISHNY, et al. A Survey of Corporate Governance［J］. The Journal of Finance，1997(52)：737-783.

［25］JENSEN M, MECKLING W. Theory of the firm：managerial behavior，agency costs，and ownership structure［J］. Journal of Financial Economics，1976(3)：305-360.

［26］BLAIR M. Ownership and Control：Rethinking Corporate Governance foe the Twenty-First Century［M］. Washington：The Brookings Institution，1995.

［27］GROSSMAN S, HART O. The Costs and Benefits of Ownership：A Theory of Vertical and Lateral Integration［J］. Political Economy，1986(94)：691-719.

［28］HART O, MOORE J. Property Rights and the Nature of the Firm［J］. Political Economy，1990(98)：1119-1158.

［29］约翰·斯图亚特·穆勒.政治经济学原理［M］.荣潜，译.北京：商务印书馆，1991.

［30］马歇尔.经济学原理［M］.朱志泰，译.北京：商务印书馆，

2005.

　　［31］托马斯·库恩.科学革命的结构［M］.金吾伦，胡新和，译.北京：北京大学出版社，2012.

　　［32］金帆，张雪.从财务资本导向到智力资本导向：公司治理范式的演进研究［J］.中国工业经济，2018（1）：156-173.

　　［33］AGHION P，TIROLE J. Formal and Real Authority in Organizations［J］. Journal of Political Economy，1997(105)：1-29.

　　［34］AGHION P，BOLTON P. An Incomplete Contract Approach to Financial Contracting［J］. Review of Economic Studies，1992(59)：473-493.

　　［35］奥利弗·哈特.企业、合同与财务结构［M］.费方域，译.上海：上海三联书店，2006.

　　［36］HART O，MOORE J. Default and renegotiations：Dynamic Model of Debt［J］. Quarterly Journal of Economics，1998(113)：1-42.

　　［37］ALCHIAN A，DEMSETZ H. Production，Information Costs and Economics Organization［J］. Journal of Political Economy，1972，62（5）：777-795.

　　［38］GOASE，RONALD. The Nature of the Firm［J］. Economica，1937（4）：386-405.

　　［39］弗兰克·H.奈特.风险、不确定性与利润［M］.安佳，译.北京：商务印书馆，2010.

　　［40］杨瑞龙，杨其静.对"资本雇佣劳动"命题的反思［J］.经济科学，2000（6）：91-100.

　　［41］张维迎.所有制、治理结构及委托—代理关系［J］.经济研究，1996（9）：3-15.

　　［42］DOW，GREGORY K. Why Capital Hires Labor：A Bargaining Perspective［J］. A.E.R，1993(83)：118-134.

　　［43］HOLMSTROM，BENGT. Moral Hazard in Teams［J］. The Bell of Economics，1982(13)：324-340.

　　［44］李维安，邱艾超.公司治理研究的新进展：国际趋势与中国模式［J］.南开管理评论，2010，13（6）：13-24.

　　［45］鲁桐.国际公司治理发展趋势［J］.中国金融，2014（6）：58-60.

　　［46］葛家澍.美国安然事件的经济背景分析［J］.会计研究，2003（1）：9-14.

[47] MARISETTY V B. Corporate Governance Survey: A Holistic View for Altruistic Practice[J]. IIMB Management Review, 2011, 23(1): 30-38.

[48] 叶陈刚, 程秀生. 公司治理学科发展的新阶段——《公司治理学》述评 [J]. 管理评论, 2006, 9（2）: 110-112.

[49] 鲁桐. 金融危机后国际公司治理改革的动向及启示 [J]. 国际经济评论, 2012（4）: 108-120.

[50] 刘立国, 杜莹. 公司治理与会计信息质量关系的实证研究 [J]. 会计研究, 2003（2）: 28-36.

[51] 吴超鹏, 叶小杰, 吴世农. 媒体监督、政治关联与高管变更——中国的经验证据 [J]. 经济管理, 2012（2）: 57-65.

[52] FACCIO M. Politically Connected Firms [J]. American Economic Review, 2006, 96(1): 369-386.

[53] DYCK A I, VOLCHKOVA J N, ZINGALES L. The Cooperate Governance Role of The Media: Evidence from Russia [J]. The Journal of Finance, 2008, 63(3): 1093-1135.

[54] ADAMS R B, FERREIRA D. Women in the Boardroom and Their Impact on Governance and Performance [J]. Journal of Financial Economics, 2009, 94(2): 291-309.

[55] 黄群慧, 贺俊. "第三次工业革命"与中国经济发展战略调整 [J]. 中国工业经济, 2013（1）: 5-18.

[56] 邓承师. 应对"经理革命"的出路探析 [J]. 中国工业经济, 2004（12）: 68-74.

[57] 王明夫. 企业家雇佣资本——现代公司治理的"企业家主权"模式 [J]. 中国企业家, 2003（9）: 1-16.

[58] 方竹兰. 人力资本所有者拥有企业所有权是一个趋势——兼与张维迎博士商榷 [J]. 经济研究, 1997（6）: 36-40.

[59] 蒋琰, 茅宁. 智力资本与财务资本: 谁对企业价值创造更有效 [J]. 会计研究, 2008（7）: 49-55.

[60] 刘玉平, 赵兴莉. 智力资本驱动企业价值创造的有效性研究 [J]. 中央财经大学学报, 2013（1）: 41-46.

[61] NURYAMAN. The Influence of Intellectual Capital on the Firm's Value with The Financial Performance an Intervening Variable [J]. Procedia-Social and Behavioral Sciences, 2015(211): 292-298.

[62] SHLEIFEI A, SUMMERS L. "Breach of Trust in Hostile Take-

overs", in A. Auerbach, ed. Cooperate Takeovers[M]. Chicago: University of Chicago Press,1988.

[63] JASON W HOWELL. The Survival of The U.S Dual Class Share Structure[J]. Journal of Corporate Finance,2014(6): 1-11.

[64] EDVINSSON L, MALONE M S. Intellectual Capital: Realizing Your Company's True Value by Finding Its Hidden Brainpower [M]. New York: Harper Business,1997.

[65] ROOS J,ROOS G,DRAGONETTI N,et al. Edvinsson. Intellectual Capital[M].New York :New York University Press,1998.

[66] STEWART T, BRAINPOWER A. How Intellectual Capital Is Becoming America's Most Valuable Asset [J].Fortune,1991(3): 40-56.

[67] NAHAPIET J, GHOSHAL S. Social Capital, Intellectual Capital, and the Organizational Advantage[J]. Academy of Management Review, 1998, 23(2): 242-266.

[68] 丹尼尔·A.雷恩，阿瑟·G.贝德安.管理思想史 [M].孙健敏，黄小勇,李原,译.北京：中国人民大学出版社， 2012.

[69] HONG P T, PLOWMAN D, HANCOCK P. Intellectual Capital and Financial Returns of Companies[J].Journal of Intellectual Capital,2007,8 (1): 76-95.

[70] NURYAMAN. The Influence of Intellectual Capital on the Firm's Value with The Financial Performance as Intervening Variable [J].Procedia-Social and Behavioral Sciences,2015(211): 292-298.

[71] 卢馨，黄顺. 智力资本驱动企业绩效的有效性研究——基于制造业、信息技术业和房地产业的实证分析 [J].会计研究， 2009 (2): 68-74.

[72] 李冬伟， 李建良.基于企业生命周期的智力资本对企业价值影响研究 [J].管理学报， 2012， 9 (5): 706-714.

[73] 肖建华， 赵莹.智力资本视角下创业企业创新竞争力关键影响要素研究 [J].科技进步与对策， 2018 (1): 87-94.

[74] BERLE A A, MEANS G C. The Modem Corporation and Private Property[M].New York: Macmillan Publication,1932.

[75] AGHION P,TIROLE J. Formal and Real Authority in Organizations[J].Journal of Political Economy,1997,105(1): 1-29.

[76] LA PORTA R., LOPEZ-DE-SILANES F, SHLEIFER A. Corporate

Ownership around the World[J].Journal of Finance,1999, 54(2): 471-517.

[77] 高闯, 关鑫.社会资本、网络连带与上市公司终极股东控制权——基于社会资本理论的分析框架 [J].中国工业经济, 2008 (9): 88-97.

[78] 王春艳, 林润辉, 袁庆宏, 等.企业控制权的获取与维持——基于创始人视角的多案例研究 [J].中国工业经济, 2016 (7): 144-160.

[79] 朱国泓, 杜兴强.控制权的来源与本质: 拓展、融合及深化 [J].会计研究, 2010 (5): 54-62.

[80] 赵晶, 郭海.公司实际控制权、社会资本控制链与制度环境 [J].管理世界, 2014 (9): 160-171.

[81] BASSI L J, BUREN M E V. Valuing Investments in Intellectual Capital[J]. International Journal of Technology Management, 1999(18):5-8.

[82] 朱瑜, 王雁飞, 蓝海林.智力资本理论研究新进展 [J].外国经济与管理, 2007, 29 (9): 50-56.

[83] CHEN. An empirical investigation of the relationship between intellectual capital and firms market value and financial performance[J].Journal of Intellectual Capital,2005(2): 159-176.

[84] DÍAZ-FERNÁNDEZ M. Carmen, González-Rodríguez, M. Rosario, Simonetti B. Top management team's intellectual capital and firm performance [J]. European Management Journal,2015, 33(5):322-331.

[85] 李海英, 李双海, 毕晓方.双重股权结构下的中小投资者利益保护——基于Facebook收购Whats App的案例研究 [J].中国工业经济, 2017 (1): 176-194.

[86] RAJAN R G, ZINGALES L. Power in a Theory of the Firm [J]. Quarterly Journal of Economics, 1998,113(2):387-432.

[87] 王珏, 祝继高.基金参与公司治理: 行为逻辑与路径选择——基于上海家化和格力电器的案例研究 [J].中国工业经济, 2015 (5): 135-147.

[88] 小艾尔弗雷德·D.钱德勒.看得见的手——美国企业的管理革命 [M].北京: 商务印书馆, 1987.

[89] 高闯, 郭斌.创始股东控制权威与经理人职业操守——基于社会资本的 "国美电器控制权争夺" 研究 [J].中国工业经济, 2012, (7): 122-133.

[90] BROCKHAUS R H. Entrepreneurial folklore[J]. Journal of Small

Business Management，1981，25（3）．1-6．

[91] 贺小刚，沈瑜.创业型企业的成长：基于企业家团队资本的实证研究 [J].管理世界，2008（1）：82-95.

[92] 郑志刚，邹宇，崔丽．合伙人制度与创业团队控制权安排模式选择——基于阿里巴巴的案例研究 [J].中国工业经济，2016（10）：126-143.

[93] AGHION P, BOLTON P. An Incomplete Contracts Approach to Financial Contracting [J]. The Review of Economic Studies，1992，59（3）：473.

[94] LEHN K,NETTER J,POULSEN A . Consolidating corporate control: Dual-class recapitalizations versus leveraged buyouts[J]. 1990, 27(2)：1-580.

[95] 胡波，王骜然.互联网企业创始人控制权对企业长期业绩的影响探究 [J].经济问题，2016（7）：70-75.

[96] 徐炜，王超.民营高科技公司创始人控制权与公司业绩 [J].经济管理，2016（9）：61-75.

[97] 徐细雄，刘星.创始人权威、控制权配置与家族企业治理转型——基于国美电器"控制权之争"的案例研究 [J].中国工业经济，2012（2）：139-148.

[98] 易阳，宋顺林，谢新敏，等.创始人专用性资产、堑壕效应与公司控制权配置——基于雷士照明的案例分析 [J].会计研究，2016（1）：63-70.

[99] 郑志刚.外部控制、内部治理与整合——公司治理机制理论研究文献综述 [J].南大商学评论，2006（2）：74-101.

[100] 杨瑞龙，周业安.企业共同治理的经济学分析 [M].经济科学出版社，2001.

[101] KUHN T S. The Structure of Scientific Revolution[M].Chicago：University of Chicago Press,1962.

[102] 李海舰，朱芳芳.重新定义员工——从员工1.0到员工4.0的演进 [J].中国工业经济，2017（10）：156-173.

[103] 罗仲伟，李先军，宋翔，等.从"赋权"到"赋能"的企业组织结构演进——基于韩都衣舍案例的研究 [J].中国工业经济，2017（9）：174-192.

[104] SHLEIFER A,VISHNY R W. A Survey of Corporate Governance

［J］.The Journal of Finance，1997，(6)：737-783.

［105］崔之元. 美国二十九个州公司法变革的理论背景 ［J］.经济研究，1996（4）：35-40.

［106］李新春，苏琦，董文卓. 公司治理与企业家精神 ［J］.经济研究，2006（2）：57-68.

［107］郑志刚，邹宇，崔丽. 合伙人制度与创业团队控制权安排模式选择——基于阿里巴巴的案例研究 ［J］.中国工业经济，2016（10）：126-143.

［108］蒋学跃.公司双重股权结构问题研究 ［J］.证券法苑，2014，13（4）：27-44.

［109］WILLIAMSON O E. Organization Form, Residual Claimants, and Corporate Control ［J］.Journal of Law and Economics，1983，26(2)：351-366.

［110］SANTOS F M, EISENHARDT K M. Constructing Markets and Organizing Boundaries：Entrepreneurial Power in Nascent Fields［J］.Academy of Management Journal，2009，52(4)：643-671.

［111］昝新明，郭秀存.阿里巴巴“合伙人”制度评价及启示[J].财会月刊，2016（4）：78-81.

［112］HIRSHLEI D, THAKOR A. Managerial performance, board of directors and takeover bidding ［J］.Journal of Corporate Finance，1994，1(1)：63-90.

［113］KNIGHT F, RISK H, UNCERTAINTY, et al.［J］. Social Science Electronic Publishing，1921(4)：682-690.

［114］马一. 股权稀释过程中公司控制权保持：法律途径与边界——以双层股权结构和马云“中国合伙人制”为研究对象 ［J］.中外法学，2015，26（3）：714-729.

［115］ARUGASLAN O, COOK D O, KIESCHNICK R. On the decision to go public with dual class stock［J］. Journal of Corporate Finance，2010，16（2）：1-181.

［116］汪青松.论股份公司股东权利的分离——以“一股一票”原则的历史兴衰为背景 ［J］.清华法学，2014（2）：101-114.

［117］道格拉斯·C.诺思.制度、制度变迁与经济绩效 ［M］.杭行，译.上海：上海人民出版社，2014.

［118］PAJUSTE A.Determinants and Consequences of the Unification of

Dual-class Share［R］.European Central Bank,2005.

　　［119］ WADHWA, VIVEK. Why It's China's Turn to Worry about Manufacturing［N］. Washington Post,2012-01-11.

　　［120］ JORDAN B D, KIM S, LIU M H. Growth Opportunities, Short-term Market Pressure, and Dual-class Share Structure［J］. Journal of Corporate Finance,2016(41): 304-328.

　　［121］ KHURANA I K, RAMAN K K, WANG D. Weakened outside shareholder rights in dual-class firms and timely loss reporting［J］. Journal of Contemporary Accounting & Economics, 2013, 9(2): 203-220.

　　［122］ LI T, ZAIATS N. Information Environment and Earnings Management of Dual Class Firms Around the World［J］. Journal of Banking & Finance, 2017(74): 1-23.

　　［123］ CHEMMANUR T J, JIAO Y. Dual class IPOs: A theoretical analysis［J］. Journal of Banking & Finance, 2012, 36(1): 1-319.

　　［124］ SELIGMAN J. Equal Protection in Shareholder Voting Rights: The One Common Share, One Vote Controversy［J］. Geo.wash.l.rev, 1986, 54 (5): 687-724.

　　［125］ BAGWELL L S. Dutch Auction Repurchases: An Analysis of Shareholder Heterogeneity ［J］. The Journal of Finance, 1992, 47 (1): 277-307.

　　［126］ WANG H, LIU X. The Impact of Investor Heterogeneity in Beliefs on Share Repurchase ［J］. International Journal of Econometrics and Financial Management,2014, 2(3): 102-113.

　　［127］ 亚伯拉罕·哈罗德·马斯洛. 人本管理 ［M］. 马良诚，等，译. 西安：陕西师范大学出版社，2010.

　　［128］ 亚伯拉罕·哈罗德·马斯洛.马斯洛人本哲学 ［M］. 成明，编译. 北京：九州出版社，2003.

　　［129］ 伯莱安·索恩. 人本心理学派代言人——罗杰斯 ［M］. 陈逸群，译. 上海：学林出版社，2007.

　　［130］ DAVIS J, SCHOORMAN F, DONALDSON L.Toward A Steward-ship Theory of Management［J］. Academy of Management Review,1997(22): 20-47.

　　［131］ DNALDSON L. A Rational Basis for Criticisms of Organizational Economics: A Reply to Barney［J］. Academic Management Review, 1990, 15

（3）：394-401.

[132] 林毅夫，李永军.再论二板市场在我国的发展前景 [J].改革，2002（2）：94-102.

[133] 聂庆平，蔡笑著.看多中国：资本市场历史与金融开放战略 [M].北京：机械工业出版社.2012.

[134] 中国证券监督管理委员会.中国资本市场二十年 [M].北京：中信出版社.2012.

[135] Willimson, 1988, Corporate Finance and Corporate Governance, The Journal of Finance, No.3, July.

[136] 赵昌文，蒲自立.资本市场对公司治理的作用机理及若干实证检验 [J].中国工业经济，2002（9）：81-88.

[137] 刘鸿儒.突破：中国资本市场发展之路 [M].北京：中国金融出版社，2008.

[138] 吴稼祥，金立佐.股份化：进一步改革的一种思路 [C].中国经济学家年度论坛.董辅礽经济科学发展基金会，中国社会科学院，2009.

[139] 吴敬琏.大中型企业改革：建立现代企业制度 [M].天津：天津人民出版社，1993.

[140] 李维安，邱艾超，牛建波，等.公司治理研究的新进展：国际趋势与中国模式 [J].南开管理评论，2010，13（6）：13-24.

[141] 郑志刚.当野蛮人遭遇内部人：中国公司治理现实困境 [M].北京：北京大学出版社，2018.

[142] 沈佳烨，郭飞.中概股回归国内资本市场的路径及动因——药明康德"一拆三"回归的案例分析 [J].财会月刊，2018（21）：95-102.

[143] 周潇.控制权变更对创业板上市公司绩效的影响研究 [D].西安：西北工业大学，2021.

[144] 唐慧.双层股权结构下的公司治理效率研究 [D].西安：西北工业大学，2021.

[145] 吴尚轩.公司治理的中国话语体系构造研究 [J].财经问题研究，2023（1）：73-84.

[146] 彼得·德鲁克.卓有成效的管理者 [M].辛弘，译.北京：机械工业出版社，2022.